어린이 코딩

엔트리로 배우는 **게임 만들기**

발 행 일 ㅣ 2025년 11월 03일 (1판 1쇄)
I S B N ㅣ 979-11-94150-03-9(13000)
정   가 ㅣ 14,000원

집   필 ㅣ 김한나, 이지은
진   행 ㅣ 김진원
본문디자인 ㅣ 디자인앨리스

발 행 처 ㅣ 코딩이지(Codingeasy)
　　　　　　'코딩이지'는 '아카데미소프트'의 코딩전문 출판사입니다.

발 행 인 ㅣ 유성천
주   소 ㅣ 경기도 파주시 정문로 588번길 24
홈 페 이 지 ㅣ www.aso.co.kr

OT Orientation (기초학습)

 This is Coding 학교편 시리즈의 [엔트리로 배우는 게임 만들기] 교재의 구성입니다.

이번 시간 등장 요소 & 문제 해결 마법사

각 CHAPTER에서 배울 내용에 대한 기능 설명과 함께 완성된 엔트리 동영상을 미리 확인하고 게임에 사용하는 게임 요소와 게임 방식을 설명하였습니다.
그리고 문제 해결 마법사로 간단한 창의력 문제로 구성하였습니다.

본문 따라하기

예제를 통해 쉽게 따라하며 배울 수 있습니다.

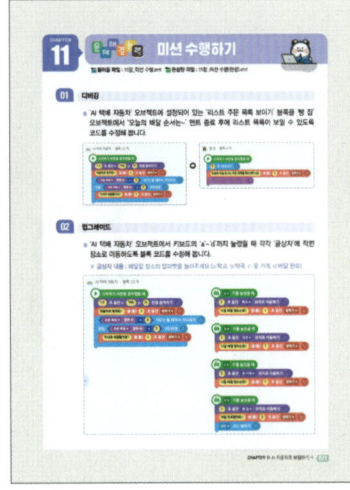

미션 수행하기

앞에서 배운 내용에서 문제점을 발견하여 수정(디버깅)하고 더 재미있는 게임으로 업그레이드하는 방식으로 구성하였습니다.

엔트리 설치하기

❶ 인터넷을 실행하여 주소 입력 칸에 'playentry.org'를 입력한 후, **Enter** 키를 누릅니다. 엔트리 홈페이지가 열리면 엔트리(e n t r y) 로고 쪽으로 마우스 커서를 이동시킨 후, 메뉴가 나오면 [다운로드]를 클릭합니다.

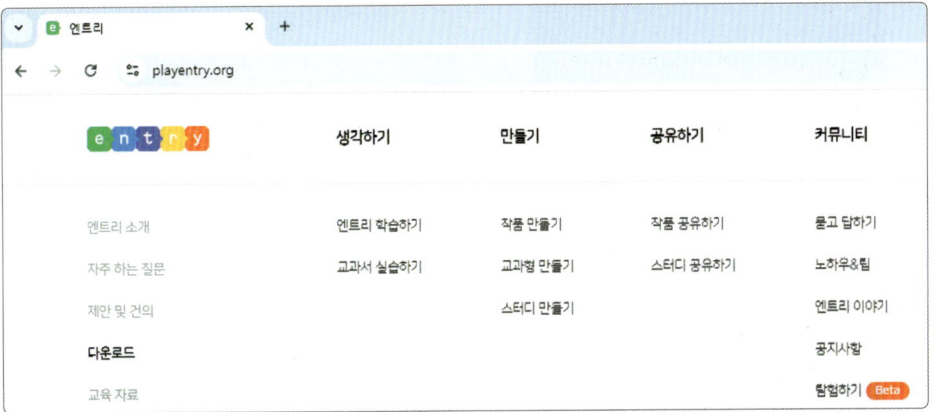

❷ 엔트리 다운로드 페이지가 나오면 현재 사용하는 컴퓨터 운영체제 버전에 맞는 엔트리를 클릭합니다.

※ 스크롤바를 아래쪽으로 내리면 버전별로 엔트리 프로그램을 다운 받을 수 있도록 구성되어 있어요.

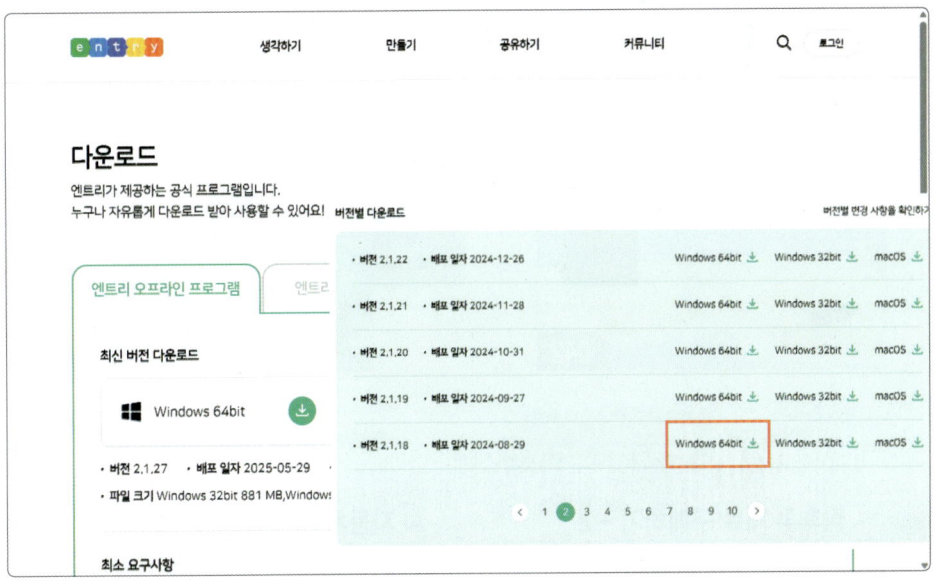

❸ 설치 순서(버전 2.1.18) : 다운 받은 설치 파일 'Entry_2.1.18_Setup' 파일을 더블 클릭 → [구성 요소 선택] -<다음> → [설치 위치 선택]-<설치> → [설치 중] → [설치 완료]-<다음> → [엔트리 설치 완료]-<마침> → 엔트리 실행 → 창 닫기

※ 엔트리 설치 후 처음 실행하였을 때 '기본형'을 선택한 후, <확인> 단추를 클릭하세요.

CONTENTS

CHAPTER 01

엔트리 달리기 게임 - 1

■ 불러올 파일 : 없음   ■ 완성된 파일 : 엔트리 달리기 게임-1(완성).ent

이런 걸 배워요!
- 오브젝트를 추가하는 방법을 알아봅니다.
- 반복문을 사용하여 오브젝트의 움직이는 모습을 만드는 방법을 알아봅니다.

▼ 완성 영상 미리보기

이번 시간 등장요소

게임 요소1 : 엔트리봇
주인공은 달리기를 하면서 장애물을 피한다.

게임 요소2 : 돌덩이
돌덩이는 랜덤하게 등장하여 엔트리봇을 방해한다.

게임 요소3 : 배경
게임의 입체감을 주기 위해서 멀리 있는 배경은 천천히 움직인다.

게임 종료 조건
엔트리봇이 돌덩이를 만나거나 뒤쪽 벽에 닿으면 게임 종료

게임 액션 : 점프력
돌덩이를 피하기 위해서 점프를 할 수 있다.

문제 해결 마법사

빈 칸에 계산 결과를 쓴 다음 숫자에 맞는 영어의 동물을 체크 표시해 봅니다.

9-3-4= ☐   I 9 S 4 P 2 E 1 G 6

3+5+1= ☐

5+4-3= ☐

01 오브젝트 불러오기와 편집

❶ 엔트리를 실행한 다음 오브젝트 목록에서 [엔트리봇] 오브젝트를 삭제합니다.

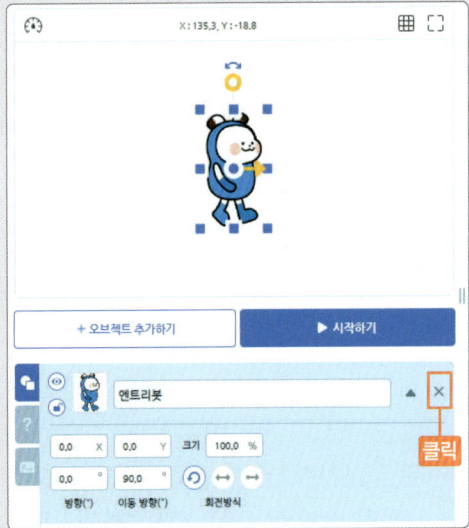

❷ <오브젝트 추가하기> 단추를 클릭한 다음 오브젝트 추가하기에서 '도로', '구름(6)', '[묶음] 걷는 모습', '돌덩이'를 검색하고 <추가하기> 단추를 클릭합니다.

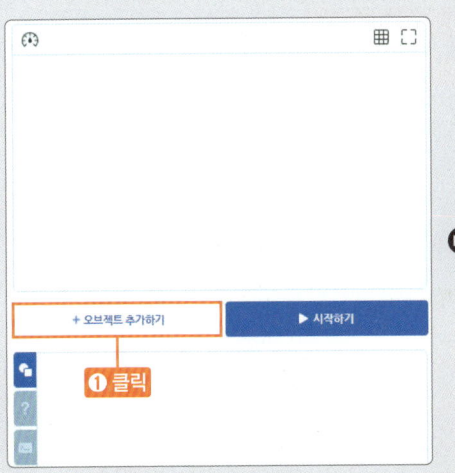 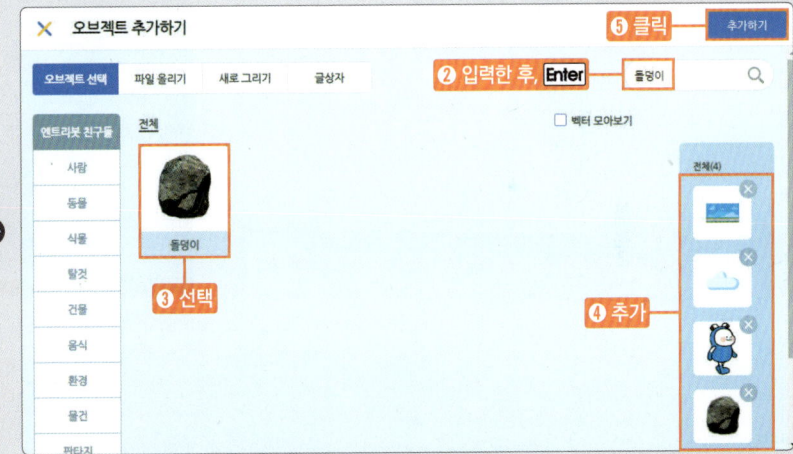

❸ 오브젝트 목록에서 '[묶음] 걷는 모습' 오브젝트의 이름은 '엔트리봇'으로 변경하고 '구름(6)' 오브젝트의 이름은 '구름'으로 변경합니다.

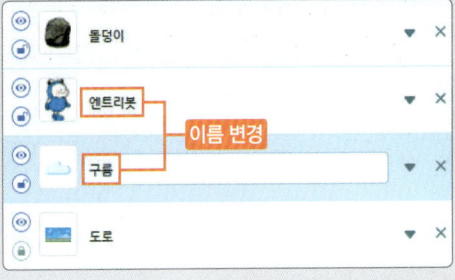

❹ '구름' 오브젝트를 클릭한 다음 [모양] 탭을 클릭합니다. 이어서, 모양 편집에서 구름을 클릭하고 [복사], [붙여놓기] 순서로 클릭 후, '구름' 오브젝트의 크기와 위치를 다음과 같이 변경한 다음 <저장하기> 단추를 클릭합니다.

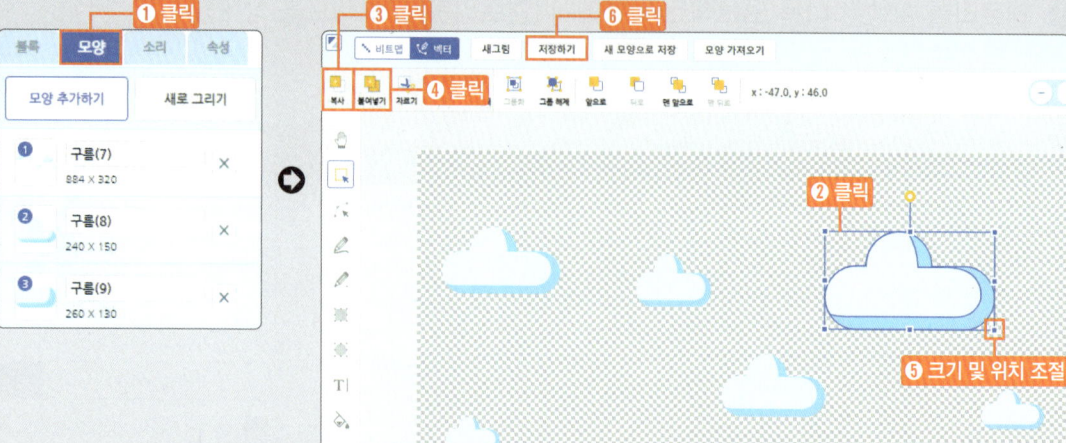

❺ '도로' 오브젝트를 클릭한 다음 [모양] 탭을 클릭합니다. 이어서, 모양 편집에서 파란 하늘에 있는 모든 구름을 삭제한 다음 <저장하기> 단추를 클릭합니다.

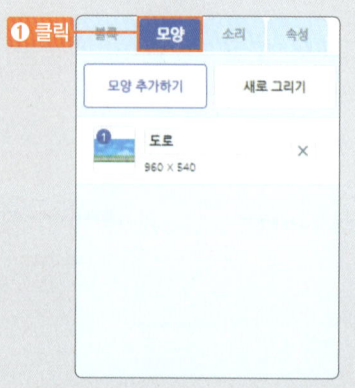

02 오브젝트에 블록 코딩하기

❶ '돌덩이' 오브젝트의 위치와 크기를 변경한 다음 게임을 시작하면 '돌덩이' 오브젝트가 움직이도록 준비하는 블록 코드를 다음과 같이 만들어 봅니다.

※ 돌덩이 위치(x : 203, y : −80), 크기(40%)

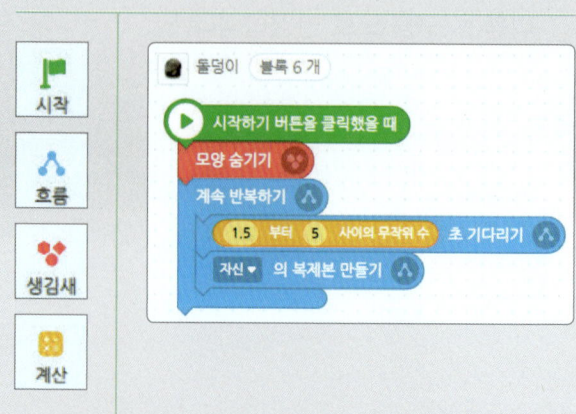

❷ '돌덩이' 오브젝트의 복제본이 생성되면 왼쪽으로 움직이고 벽에 닿으면 복제본이 삭제되는 블록 코드를 다음과 같이 만들어 봅니다.

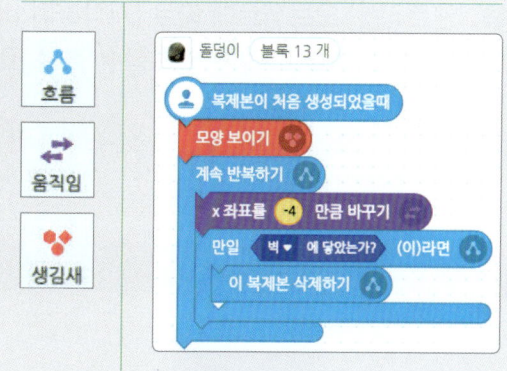

❸ '엔트리봇' 오브젝트의 위치를 변경한 다음 움직이는 모양으로 바뀌면서 '돌덩이' 오브젝트 또는 '벽'에 닿았을 때 모든 코드를 종료하는 블록 코드를 다음과 같이 만들어 봅니다. 이어서, 왼쪽과 오른쪽으로 이동하는 블록 코드를 반복하기 안쪽에 연결합니다.

※ 엔트리봇의 위치(x : −175, y : −35)

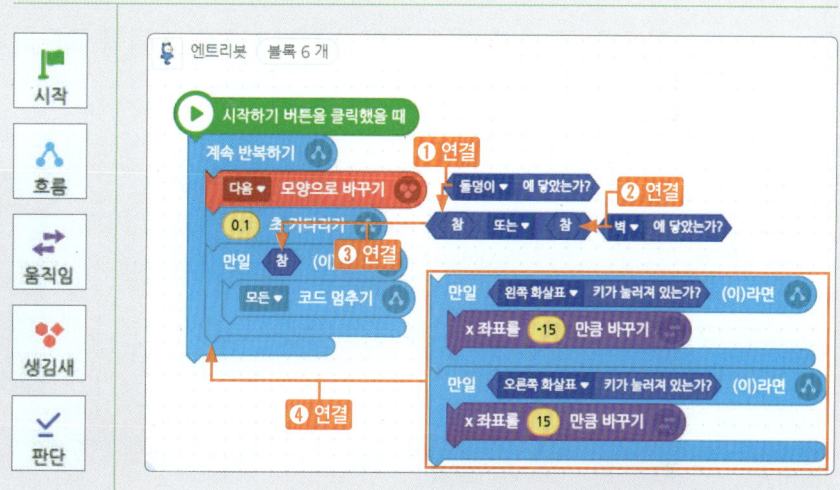

❹ '엔트리봇' 오브젝트가 점프하는 블록 코드를 ⨍ 에서 <함수 만들기> 단추를 클릭한 다음 함수 이름을 '점프'라고 입력합니다. 이어서, 다음과 같이 블록 코드를 만든 다음 <저장> 단추를 클릭합니다.

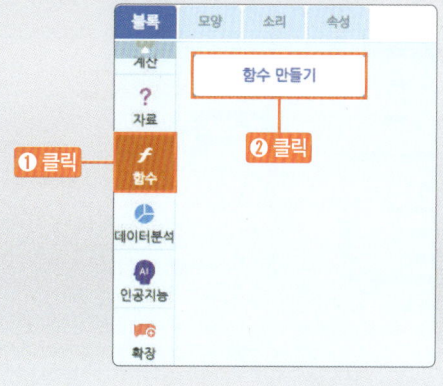

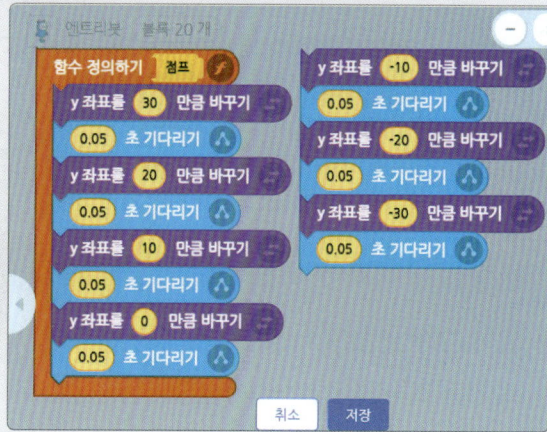

❺ '엔트리봇' 오브젝트에 따로 [시작하기 버튼을 클릭했
을 때]를 만들고 만들어진 함수 블록 코드를 다음과
같이 연결합니다.

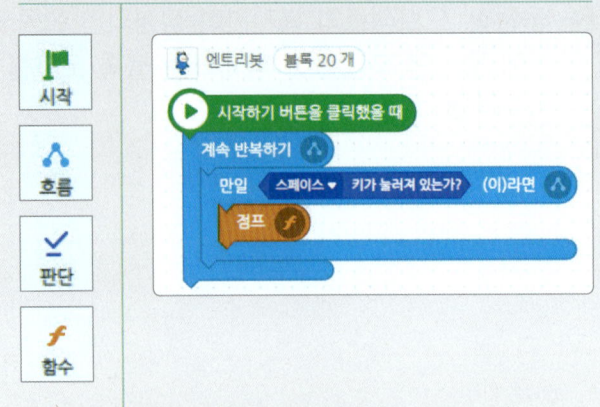

T I P

[시작하기 버튼을 클릭했을 때] 블록을 따로 하는 이유

엔트리봇의 좌·우 움직이는 동작과 점프하기 블록을 같은 [시작하기 버튼을 클릭했을 때]에 있다면 동시에 점프하는
것이 불가능합니다. (예를 들어 오른쪽 방향키를 누르면서 점프를 동시에 하는 것)

❻ '구름' 오브젝트를 클릭한 다음 구름이 천천히 움직이는 블록 코드를 다음과 같이 만들어 봅니다.

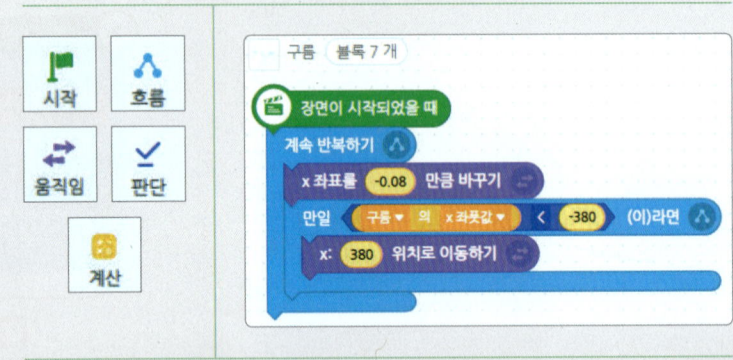

❼ 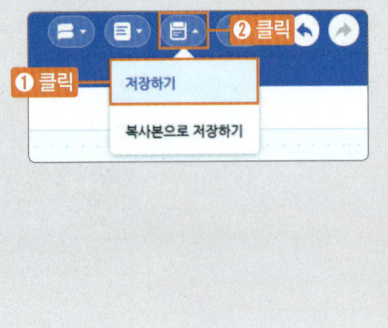 단추를 클릭하여 동작이 되는지 확인합니다.

❽ 완성된 파일을 [저장하기(⬛▾)]-[저장하기]를 클릭합니다. 이어서, [다른 이름으로 저장] 대화상자가
나오면 본인 폴더에 '엔트리 달리기 게임'을 입력한 다음 <저장> 단추를 클릭합니다.

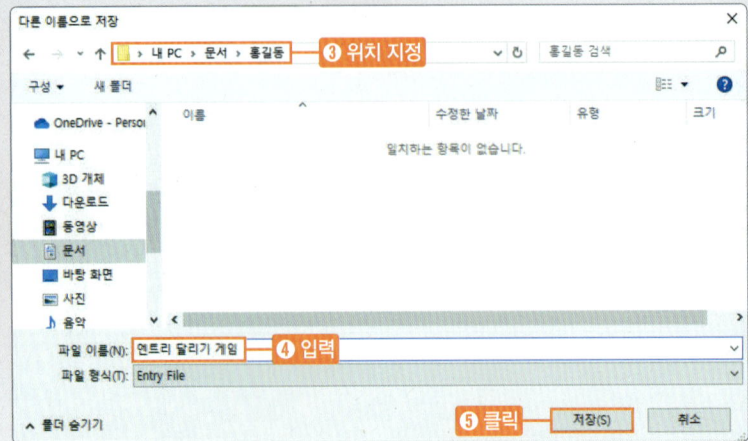

 미션 수행하기

■ 불러올 파일 : 1장_미션 수행.ent   ■ 완성된 파일 : 1장_미션 수행(완성).ent

01 업그레이드

■ '엔트리봇' 오브젝트가 점프를 하면 소리가 나오도록 변경해 봅니다.

02 업그레이드 및 디버깅

■ '돌덩이' 오브젝트의 크기와 시간을 무작위 수를 이용하여 변경합니다.

■ '돌덩이' 오브젝트의 크기는 엔트리봇이 점프해서 넘어갈 수 있는 크기로 결정합니다.

HINT! [복제본이 처음 생성되었을 때] 블록을 하나 더 만든다. '돌덩이' 오브젝트의 중심점을 아래쪽으로 변경합니다.

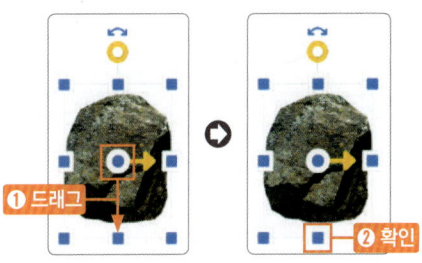

❶ 드래그   ❷ 확인

03 수정하기

■ [장면 1]의 이름을 [게임]으로 변경합니다.

CHAPTER 02

엔트리 달리기 게임 - 2

📂 **불러올 파일** : 엔트리 달리기 게임-2.ent   📂 **완성된 파일** : 엔트리 달리기 게임-2(완성).ent

이런걸 배워요!
- 초시계를 추가하는 방법을 알아봅니다.
- 초시계 결과를 글상자에 표시하는 방법을 알아봅니다.
- 장면을 추가하고 장면 전환하는 방법을 알아봅니다.

▼ **완성 영상 미리보기**

이번 시간 등장요소

게임 첫 화면
게임의 이름을 보여주며 [시작하기]를 클릭하면 [게임] 장면으로 이동한다.

게임
[첫 화면]에서 [게임]으로 이동하도록 블록 코드를 수정합니다.

게임
게임이 종료되면 [종료] 장면으로 이동하고 게임의 결과를 보여줍니다.

초시계
[게임] 장면이 시작되면 초시계가 작동하고 게임이 종료되면 초시계를 멈춘다.

주의 사항
돌덩이를 피하기 위해서 점프를 할 수 있다.

문제 해결마법사   아래 그림을 보고 같은 그림이 몇 개가 있는지 칸에 색칠해 봅니다.

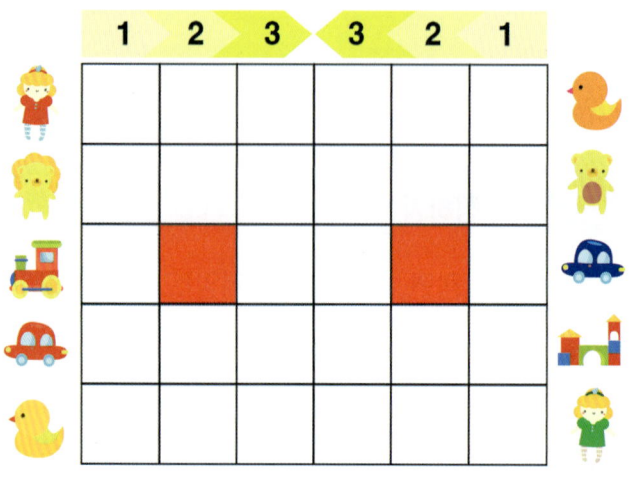

01 ▶ [첫 화면] 장면 만들기

❶ 엔트리에서 [파일]-[오프라인 작품 불러오기]를 클릭합니다. 이어서, [열기] 대화상자가 나오면 [불러올 파일]-[CHAPTER 02]-'엔트리 달리기 게임-2.ent'를 선택하고 <열기> 단추를 클릭합니다.

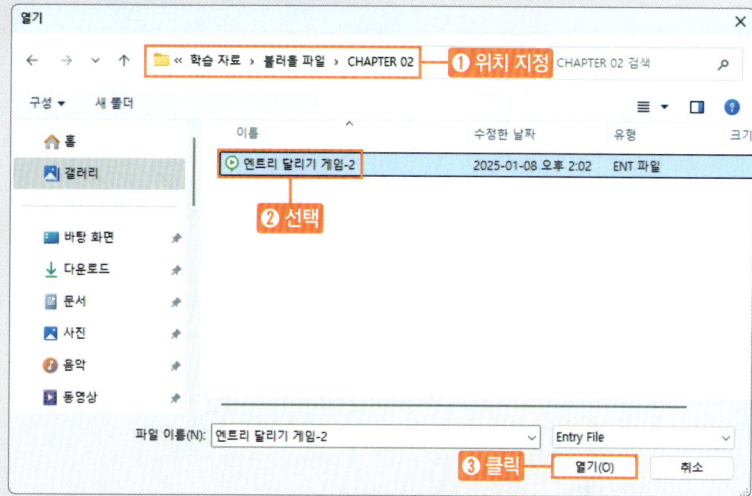

❷ 파일이 열리면 장면 추가하기(➕) 클릭한 다음 '첫 화면'을 입력하고 Enter 키를 누릅니다. 이어서, 만들어진 [첫 화면] 장면을 [게임] 장면 왼쪽으로 이동합니다.

 ○  ○

❸ [첫 화면] 장면에 '구름 세상' 오브젝트를 추가하고 <오브젝트 추가하기>-[글상자]를 클릭합니다. 이어서, 내용을 입력한 다음 서식을 적용한 후, <추가하기> 단추를 클릭합니다.

※ 글상자 서식 : '엔트리 RUN!!', 글꼴(나눔명조), 굵게, 글꼴 색상(분홍)

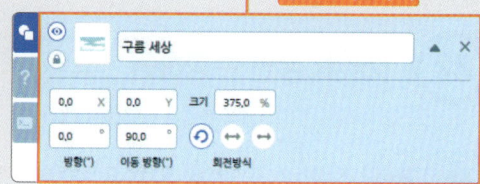

❹ 입력된 글상자를 다음과 같이 크기를 조정합니다. 이어서, 같은 방법으로 글상자를 만듭니다.

※ 글상자 서식 : '시작하기', 글꼴(나눔스퀘어라운드), 굵게, 글꼴 색상(파랑)

❺ '엔트리 RUN!!' 오브젝트를 클릭한 다음 글상자가 움직이는 블록 코드를 다음과 같이 만들어 봅니다.

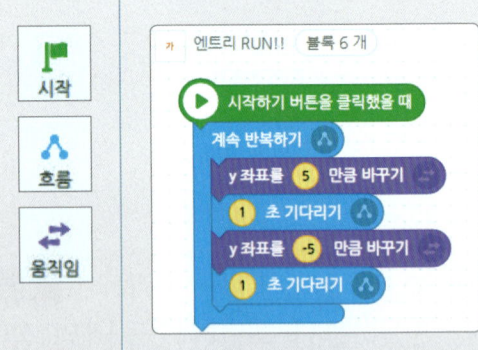

❻ '시작하기' 오브젝트를 클릭한 다음 글상자를 클릭하면 다음 장면으로 이동하는 블록 코드를 다음과 같이 만들어 봅니다.

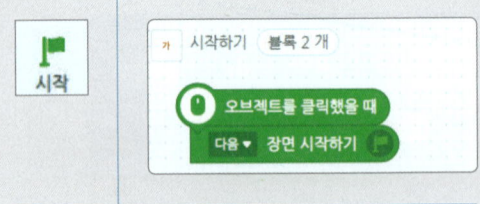

02 ▶ [게임] 장면 수정하기

❶ [게임] 장면이 두 번째 위치로 변경되었기 때문에 블록 코드를 다음과 같이 수정합니다.

※ [시작하기 버튼을 클릭했을 때] 블록 코드를 [장면이 시작되었을 때] 블록 코드로 수정합니다.

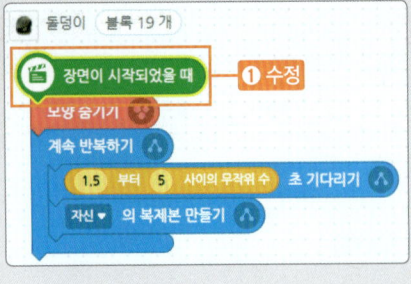 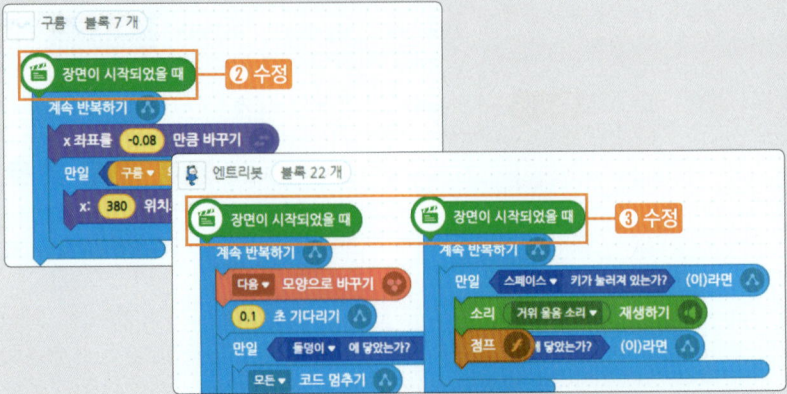

❷ '엔트리봇' 오브젝트에서 게임 기록을 하기 위해서 초시계 시작하기와 정지하기를 다음과 같이 추가합니다. 이어서, 게임이 종료 되는 조건은 모두 멈추기가 아닌 다음 장면으로 시작하기로 바꿔줍니다.

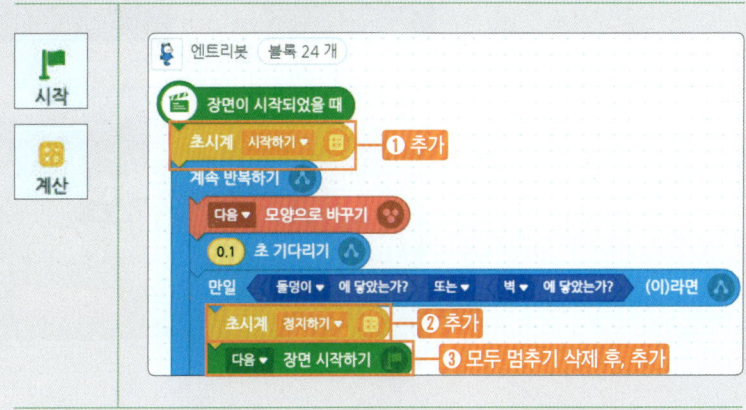

03 [종료] 장면 만들기

❶ 장면 추가하기(➕) 클릭한 다음 '종료'를 입력하고 Enter 키를 누릅니다.

❷ [종료] 장면에 '잔디밭(1)' 오브젝트를 추가합니다. 이어서, <오브젝트 추가하기>-[글상자]를 클릭하고 내용을 입력한 다음 서식을 적용한 후, <추가하기> 단추를 클릭합니다.

※ 글상자 서식 : '게임 종료', 글꼴(나눔명조), 굵게, 글꼴 색상(검정), 배경(투명)

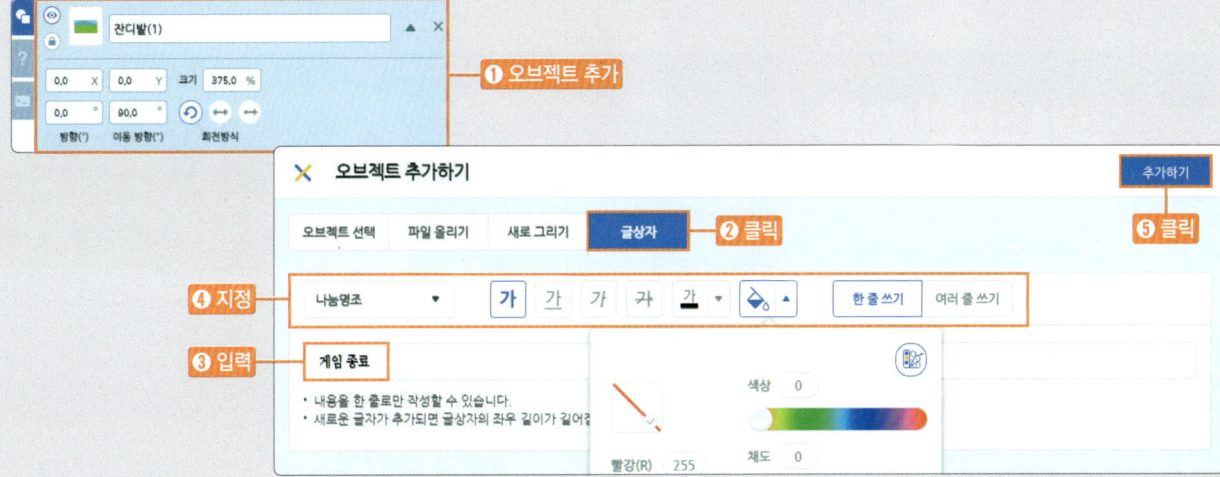

❸ 입력된 글상자를 다음과 같이 크기를 조정합니다. 이어서, 같은 방법으로 글상자를 만듭니다.

※ 글상자 서식 : '나의 기록은?', 글꼴(나눔고딕), 굵게, 글꼴 색상(파랑), 배경(투명)

❹ [나의 기록은?] 오브젝트에 초시계의 기록을 나타내는 블록 코드를 다음과 같이 만들어 봅니다.

※ 합치기 블록을 두 번 사용해서 초시계의 기록이 연결되도록 만들어 줍니다.

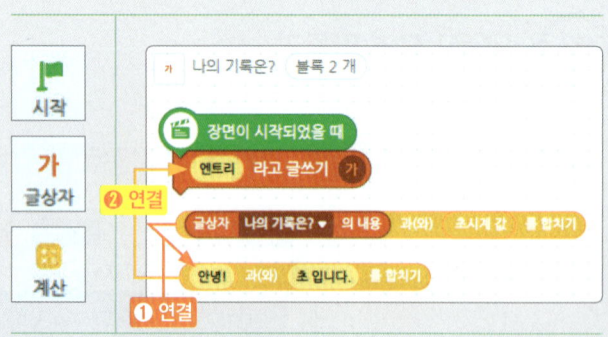

❺ 합치기를 이용한 블록 코드를 확인합니다.

❻ [첫 화면] 장면에서 ▶ 시작하기 단추를 클릭하여 글상자 [시작하기]를 눌러 게임을 실행하고 종료된 화면을 확인합니다.

문제해결능력 미션 수행하기

■ 불러올 파일 : 2장_미션 수행.ent   ■ 완성된 파일 : 2장_미션 수행(완성).ent

01 수정하기

■ [첫 화면] 장면과 [종료] 장면에 있는 '초시계'가 나오지 않도록 숨겨봅니다.

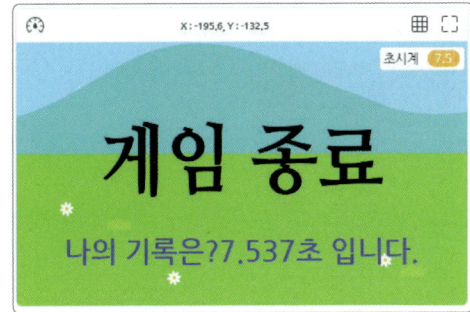

[초시계 숨기기] 블록을 사용합니다.

02 수정하기 2

■ '초시계'를 나오지 않도록 수정을 했으나 [게임] 장면에서는 '초시계'가 나오도록 수정합니다.

[초시계 보이기] 블록을 사용합니다.

두더지 잡기 게임 - 1

📘 **불러올 파일** : 두더지 잡기 게임-1.ent   📗 **완성된 파일** : 두더지 잡기 게임-1(완성).ent

이런걸 배워요!

- 오브젝트를 추가하고 복제하는 방법을 알아봅니다.
- 반복문을 사용하여 오브젝트의 움직이는 모습을 만드는 방법을 알아봅니다.
- 변수를 사용하여 제한 시간과 점수를 만드는 방법을 알아봅니다.

▼ 완성 영상 미리보기

이번 시간 등장요소

게임 요소1 : 뽕망치

뽕망치는 두더지를 잡기 위한 도구이다. 마우스로 이동하고 클릭하여 잡는다.

게임 요소2 : 두더지

두더지는 랜덤으로 나타났다 사라지면서 뽕망치를 피해 점수 획득을 방해한다.

게임 점수 획득 방법

뽕망치로 두더지를 잡았을 때 10점씩 증가한다.

게임 시간 및 종료

초시계의 30초를 제한 시간으로 설정한다. 제한 시간이 지나면 게임 종료된다.

문제 해결마법사

빈 칸에 계산 결과를 쓴 다음 숫자에 맞는 영어를 표에 적어봅니다. 어떤 단어가 나오나요?

2 + 6 = ☐ O

9 - 5 = ☐ T

3 + 2 = ☐ B

7 - 4 = ☐ R

3	8	5	8	4

01 오브젝트 불러오기와 편집

❶ 엔트리에서 [불러오기(▤ ▾)]-[오프라인 작품 불러오기]를 클릭합니다. 이어서, [불러올 파일]-[CHAPTER 03]에서 '두더지 잡기 게임-1.ent' 파일을 불러옵니다.

❷ <오브젝트 추가하기> 단추를 클릭한 다음 [파일 올리기]에서 '두더지1'을 선택하고 <추가하기> 단추를 클릭합니다.

※ 파일 경로 : [불러올 파일]-[CHAPTER 03]

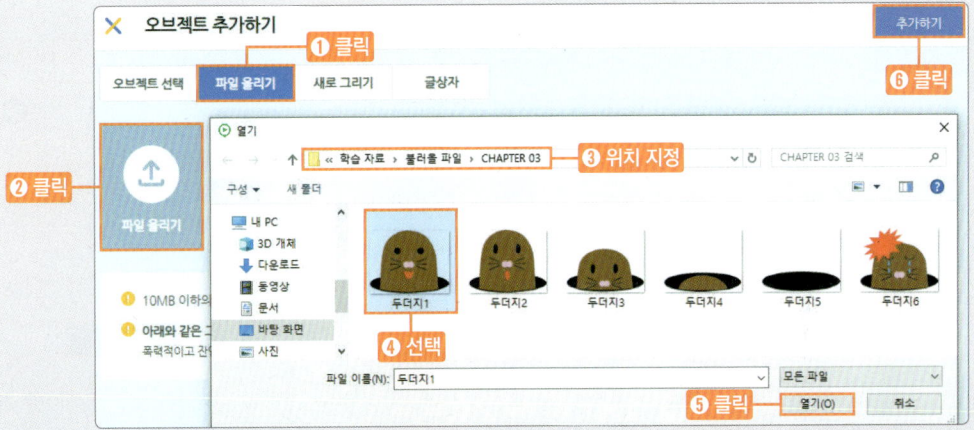

❸ '두더지1' 오브젝트를 클릭한 다음 [모양] 탭에서 <모양 추가하기>를 클릭합니다. 이어서, [파일 올리기]-'두더지2' ~ '두더지6'을 선택하고 <추가하기> 단추 및 <저장하기> 단추를 클릭합니다.

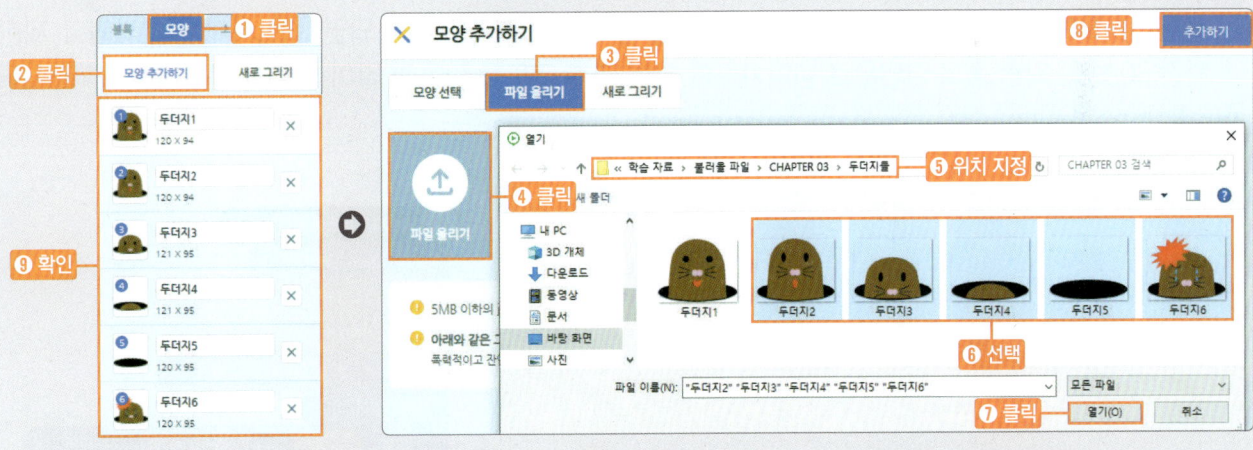

❹ '두더지1' 오브젝트에 소리를 추가하고 크기(80)으로 변경한 다음 마우스 오른쪽 단추를 클릭하여 <복제>를 선택합니다. 이어서, 5마리의 두더지를 추가한 후 서로 겹치지 않도록 배치합니다.

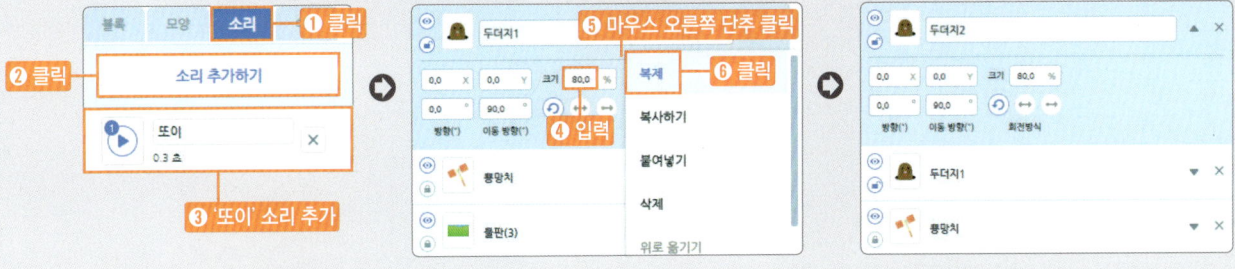

02 변수 추가하기

❶ '제한 시간과 점수에 대한 값을 사용하기 위해 [속성] 탭에서 변수를 클릭하고 <변수 추가하기>를 클릭합니다. 이어서, 감추기(👓)로 설정합니다.

※ '제한시간', '점수' 변수를 만듭니다.

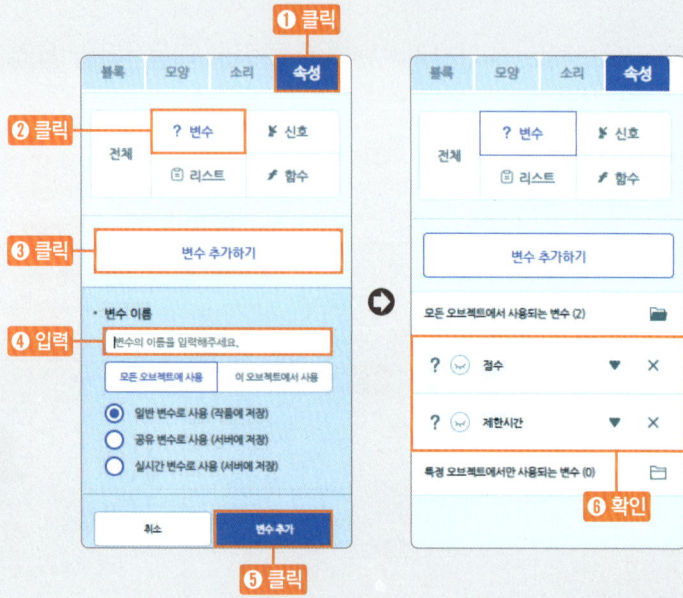

03 오브젝트에 블록 코딩하기

❶ '들판(3)' 오브젝트를 클릭하고 게임을 시작하면 점수와 초시계가 표시되면서 초시계가 시작되고 제한 시간(30초)이 되면 종료 장면으로 넘어가도록 하는 블록 코드를 다음과 같이 만들어 봅니다.

❷ '뽕망치' 오브젝트를 선택하고 오브젝트 리스트에 최상위로 옮깁니다. 이어서, 게임을 시작하면 마우스의 포인터 위치로 오브젝트가 위치하도록 할 수 있도록 블록 코드를 다음과 같이 만들어 봅니다.

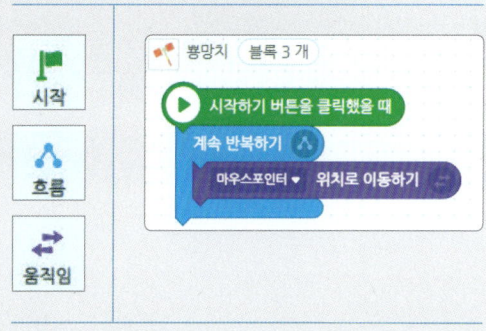

❸ '뽕망치' 오브젝트를 마우스로 클릭했을 때와 클릭을 해제했을 때의 모양을 바꾸고 뽕망치로 두더지를 터치했을 때 두더지의 모양을 바꾸기 위한 신호를 추가합니다. 이어서, ['뽕망치_1' 모양으로 바꾸기] 블록 아래에 연결합니다.

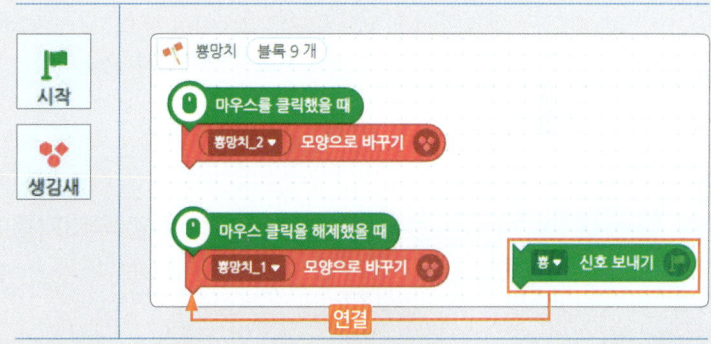

❹ '두더지1' 오브젝트가 땅속에서 나왔다가 다시 들어가는 블록 코드를 만들어 봅니다.

❺ '두더지1' 오브젝트가 '뿅망치'에 닿았을 때 모양이 바뀌고 점수를 획득하도록 다음과 같이 블록 코드를 만들어 봅니다.

T I P

'두더지1' 오브젝트의 블록 코드를 모두 복사하여 '두더지2'~'두더지5' 오브젝트에 붙여넣기한 후, 블록 코드를 수정할 수 있습니다.

❻ ▶ 시작하기 를 클릭한 다음 뿅망치로 두더지를 잡고 점수를 획득할 수 있는지 확인해 봅니다.

CHAPTER 03  미션 수행하기

■ 불러올 파일 : 3장_미션 수행.ent   ■ 완성된 파일 : 3장_미션 수행(완성).ent

01 디버깅

■ '두더지' 오브젝트가 뽕망치에 맞고 난 후, 다시 나타날 수 있도록 하고 땅 구멍 상태에서는 점수를 획득하지 못하게 수정해 봅니다.

02 업그레이드

■ 게임의 제한 시간을 줄이거나 늘릴 수 있고 점수 제한을 정할 수 있도록 블록 코드를 수정해 봅니다.

CHAPTER 04

두더지 잡기 게임 - 2

■ 불러올 파일 : 두더지 잡기 게임-2.ent   ■ 완성된 파일 : 두더지 잡기 게임-2(완성).ent

이런걸 배워요!
- 장면을 추가하고 장면 전환하는 방법을 알아봅니다.
- 어떤 게임인지 한눈에 알아볼 수 있도록 오브젝트를 추가 하는 방법을 알아봅니다.
- 게임에서 획득한 점수를 표시하는 방법을 알아봅니다.

▼ 완성 영상 미리보기

이번 시간 등장요소

첫 화면 배경

게임 배경과 다른 배경 선택한다.
'들판(2)' 오브젝트 적용

첫 화면 게임 제목

짧고 간결하면서 재밌게 만든다.
"두더지를 잡아라!"

첫 화면 스토리

뽕망치를 들고 있는 엔트리봇이 두더지를 잡으면 다른 엔트리봇이 박장 대소하는 모습으로 표현한다.

게임 장면으로 넘어가기

글상자를 사용하여 "START"를 만든다.
START를 클릭 하면 장면이 전환되고, 게임이 시작된다.

종료 장면 배경

첫 화면 배경, 게임 배경과 다른 배경을 선택한다.
'뒷 동산' 오브젝트 적용

게임 점수

"당신의 점수는?" 아래에 점수 값을 표시한다.
두더지 1마리 X 10점

종료 화면 스토리

두더지를 잡은 다음 깨끗하고 평화로운 산책로가 만들어진 듯한 느낌을 표현한다.

첫 화면으로 넘어가기

'다시하기' 오브젝트를 사용하여 첫 화면으로 장면 전환되고, 게임을 시작할 수 있다.

01 [첫 화면] 장면 만들기

❶ 엔트리에서 [불러오기()]-[오프라인 작품 불러오기]를 클릭합니다. 이어서, [불러올 파일]-[CHAPTER 04]에서 '두더지 잡기 게임-2.ent' 파일을 불러옵니다.

❷ [첫 화면] 장면에서 <오브젝트 추가하기> 단추를 클릭한 다음 오브젝트 추가하기에서 '들판(2)', '[묶음] 점프 옆모습(2)', '두더지', '[묶음] 박장대소 엔트리봇', '뿅망치(1)_1'를 검색하고 <추가하기> 단추를 클릭합니다. 이어서, 오브젝트의 위치와 크기를 다음과 같이 변경합니다.

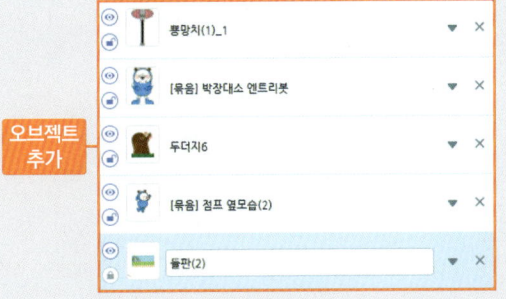

오브젝트	X좌표	Y좌표	크기
[묶음] 점프 옆모습(2)	-160	-30	180
두더지	-10	-30	100
[묶음] 박장대소 엔트리봇	165	-35	100
뿅망치(1)_1	-125	55	80

❸ '두더지' 오브젝트를 클릭한 다음 [모양] 탭에서 '두더지_3' 모양을 선택하고 모양 편집 화면에서 좌·우 반전()를 선택하고 <저장하기> 단추를 클릭합니다.

❹ 첫 번째 글상자를 추가하기 위해 <오브젝트 추가하기>단추를 클릭한 다음 [오브젝트 추가하기] 대화 상자에서 [글상자]를 클릭합니다. 이어서, 게임 제목을 내용 칸에 입력하고 글꼴, 속성, 배경 색을 다음과 같이 선택하고 <추가하기> 단추를 클릭 및 위치와 크기를 변경합니다.

※ 글상자 서식 : '두더지를 잡아라!', 글꼴(나눔손글씨), 진하게, 배경색(없음)
　위치 및 크기 : x(40), y(70), 크기(160)

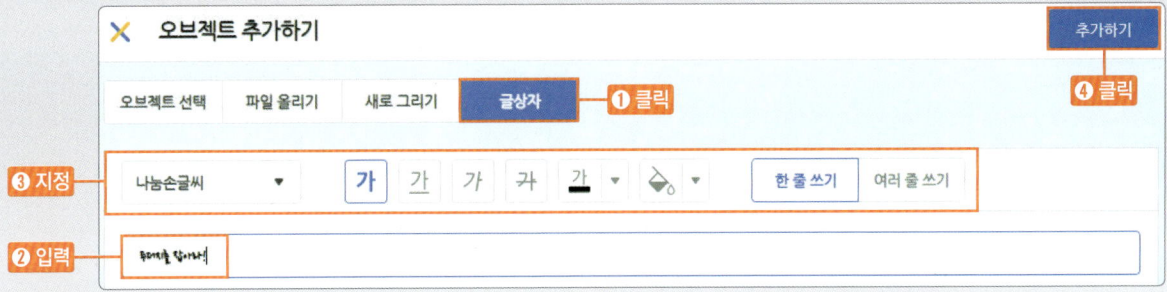

❺ 두 번째 글상자를 추가하기 위해 <오브젝트 추가하기> 단추를 클릭한 다음 오브젝트 추가하기에서 [글 상자]를 클릭합니다. 이어서, 내용과 글꼴, 속성, 배경색을 다음과 같이 선택하고 <추가하기> 단추를 클릭 및 위치와 크기를 변경합니다.

※ 글상자 서식 : 'START', 글꼴(나눔바른펜), 진하게, 글꼴색(빨강), 배경색(흰색)
 위치 및 크기 : x(−10), y(−110), 크기(100)

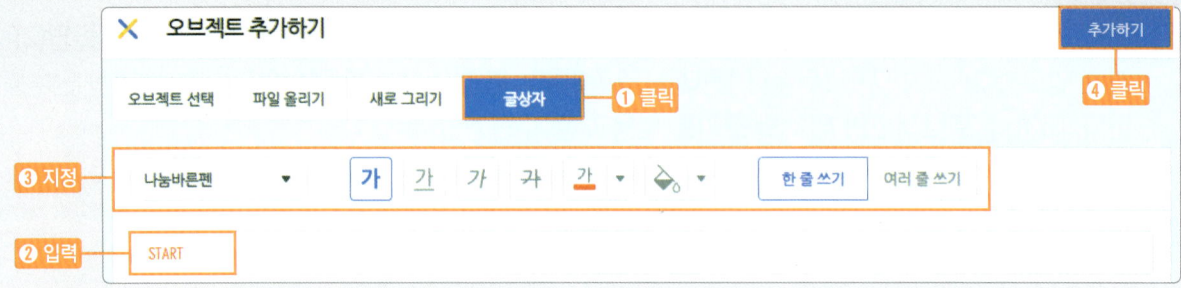

02 오브젝트에 블록 코딩하기

❶ '들판(2)' 오브젝트를 클릭하고 [시작하기] 버튼을 클릭했을 때, 초시계를 숨기기 위한 블록 코드를 만들어 봅니다.

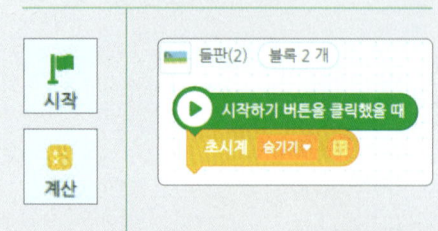

❷ 'START 글상자' 오브젝트를 클릭하면 게임 장면으로 전환이 되고 게임이 시작 되도록 블록 코드를 만들어 봅니다.

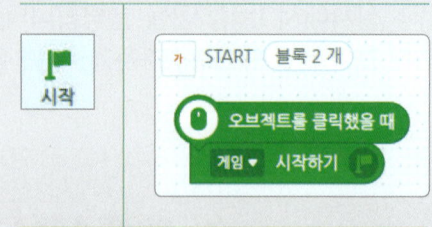

03 [게임] 장면의 블록 코드 수정하기

① 첫 화면에서 'START' 글상자 오브젝트를 클릭했을 때 게임 장면으로 넘어가서 게임이 시작되기 때문에 먼저 게임 장면에서 사용되었던 [시작하기 버튼을 클릭했을 때] 블록을 다음과 같이 수정합니다.

※ '뽕망치', '두더지1' ~ '두더지5', '들판(3)'

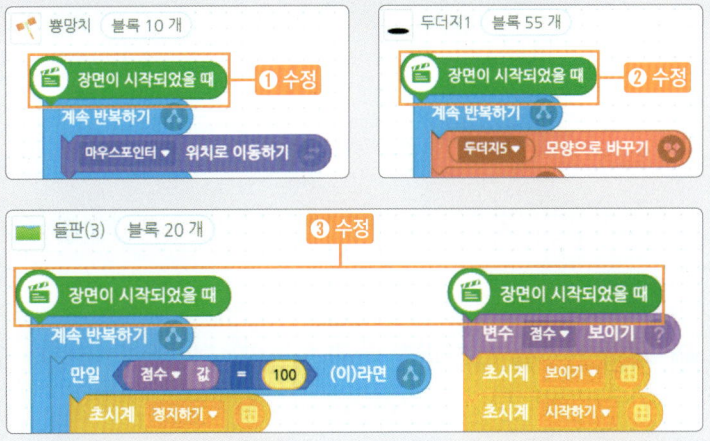

04 [종료] 장면 만들기

① [종료] 장면을 추가하고 다음과 같이 <오브젝트 추가하기> 단추를 클릭한 [다음 오브젝트 추가하기] 대화 상자에서 '뒷동산', '다시하기 버튼'을 검색하고 <추가하기> 단추를 클릭합니다. 이어서, 오브젝트의 위치와 크기를 다음과 같이 변경합니다.

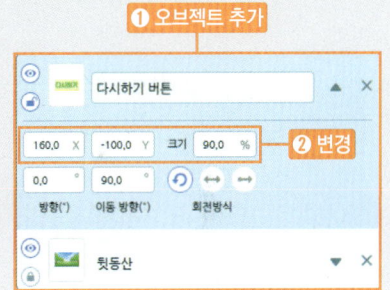

② 점수 표시할 글상자를 추가하기 위해 <오브젝트 추가하기> 단추를 클릭한 다음 [오브젝트 추가하기] 대화 상자에서 [글상자]를 클릭합니다. 이어서, 내용칸에 내용을 입력하고 글꼴, 속성, 배경 색을 다음과 같이 선택하고 <추가하기> 단추를 클릭 및 위치와 크기를 변경합니다.

※ 글상자 서식 : '당신의 점수는?', 글꼴(나눔스퀘어라운드), 진하게, 배경색(없음), 여러 줄 쓰기

위치 및 크기 : x(0), y(40), 크기(190)

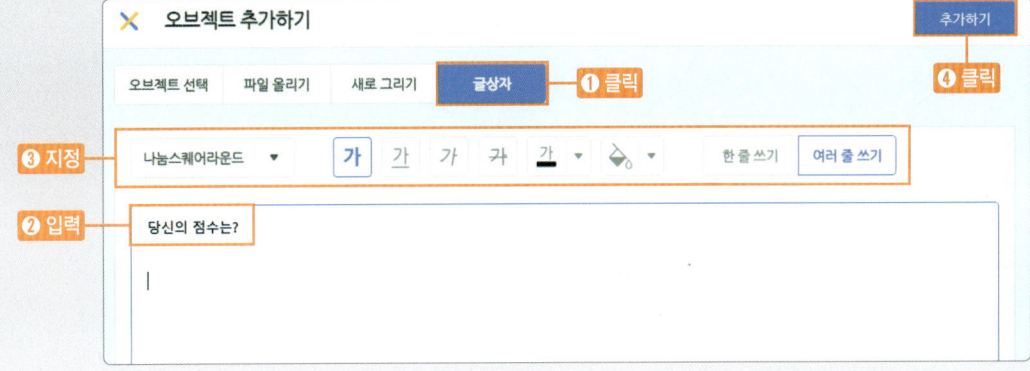

❶ '다시하기 버튼' 오브젝트를 클릭했을 때, 점수와 초시계 값을 0으로 초기화시키고, 첫 화면 장면으로 전환할 수 있도록 다음과 같이 블록 코드를 만들어 봅니다.

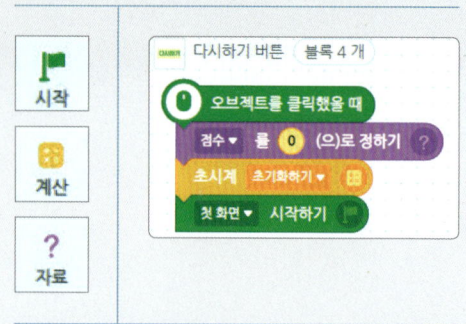

❷ 게임 점수를 나타내기 위해 '당신의 점수는?' 글상자 오브젝트를 클릭하고, 다음과 같이 블록 코드를 만들어 봅니다.

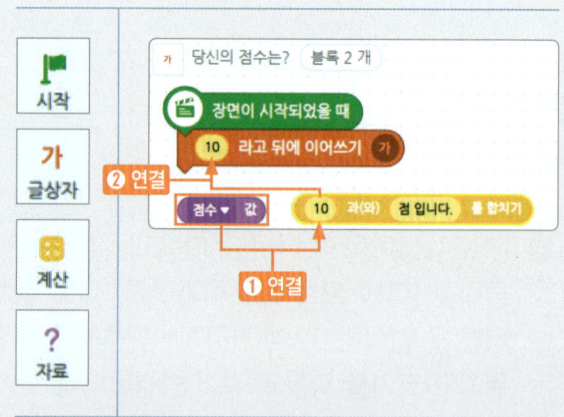

❸ [▶ 시작하기] 를 클릭한 다음 뿅망치로 두더지를 잡고 획득한 점수를 확인하고 '다시하기 버튼'이 잘 작동하는지 확인해 봅니다.

 미션 수행하기

■ 불러올 파일 : 4장_미션 수행.ent ■ 완성된 파일 : 4장_미션 수행(완성).ent

01 디버깅

■ 'START' 글상자 오브젝트를 클릭했을 때 '쿠이카' 소리를 재생하고 게임을 시작할 수 있도록 잘못된 블록을 찾아 수정해 봅니다.

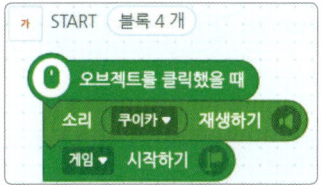

02 업그레이드

■ 게임이 끝나고 종료 장면에서 소리와 함께 점수가 나타나도록 알맞은 블록을 찾아 만들어 봅니다.

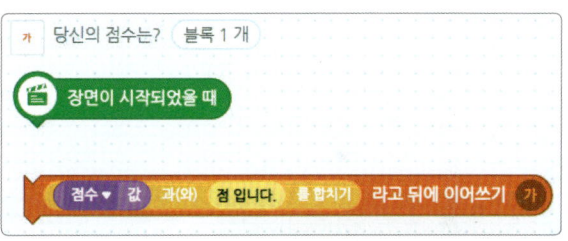

과일 받기 게임 - 1

■ 불러올 파일 : 과일 받기 게임-1.ent   ■ 완성된 파일 : 과일 받기 게임-1(완성).ent

이런걸 배워요!
- 오브젝트를 추가하고 복제본 만들기 블록 코드와 반복문을 사용하는 방법을 알아봅니다.
- 변수를 사용하여 제한 시간과 점수를 설정하는 방법을 알아봅니다.

▼ 완성 영상 미리보기

이번 시간 등장요소

게임 요소1 : 농부 엔트리봇

마우스로 농부 엔트리봇을 좌·우로 움직여 하늘에서 떨어지는 과일을 받아낸다.

게임 요소2 : 사과, 오렌지, 폭탄

랜덤으로 떨어지는 사과, 오렌지는 점수 획득을 하고 폭탄은 점수 획득을 방해한다.

게임 점수 획득 방법

과일을 받으면 1점씩 획득하고 폭탄을 받으면 1점씩 차감된다.

게임 시간 및 종료

초 시계의 10초를 제한 시간으로 설정한다. 제한 시간이 지나면 게임 종료된다.

문제 해결마법사   다음 좌표를 확인한 다음 좌표 위치에 맞는 영어를 적어봅니다.

예 b1 주소의 값은 M

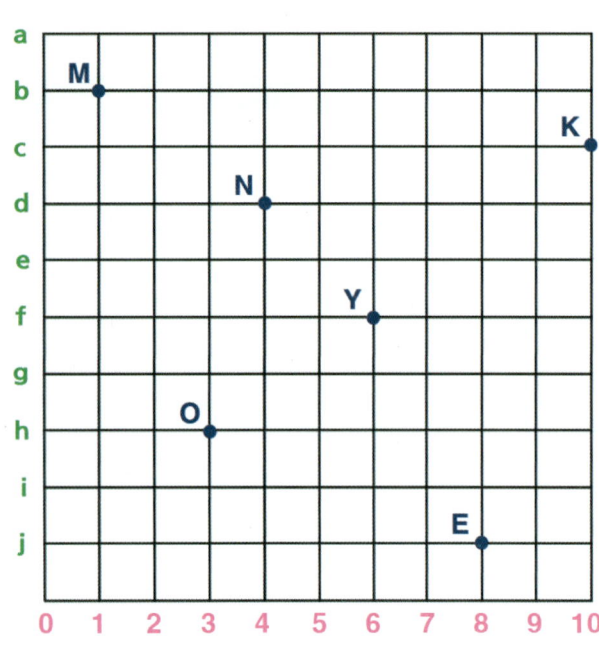

b1	h3	d4	c10	j8	f6

01 오브젝트 불러오기와 편집

❶ 엔트리에서 [불러오기(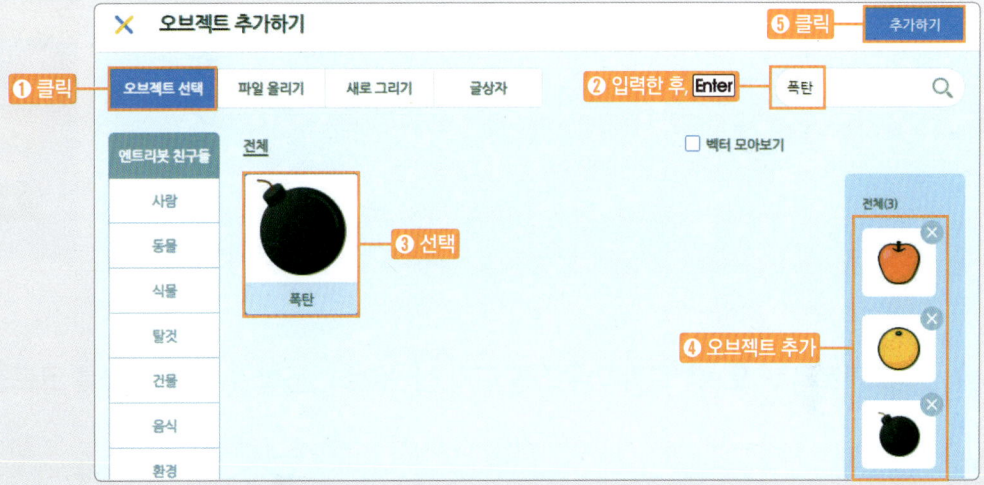)]-[오프라인 작품 불러오기]를 클릭합니다. 이어서, [불러올 파일]-[CHAPTER 05]에서 '과일 받기 게임-1.ent' 파일을 불러옵니다.

❷ <오브젝트 추가하기> 단추를 클릭한 다음 [오브젝트 추가하기] 대화 상자에서 '사과', '오렌지', '폭탄'을 검색하고 <추가하기> 단추를 클릭합니다.

❸ '사과', '오렌지', '폭탄' 오브젝트에 위치와 크기를 다음과 같이 변경 합니다.

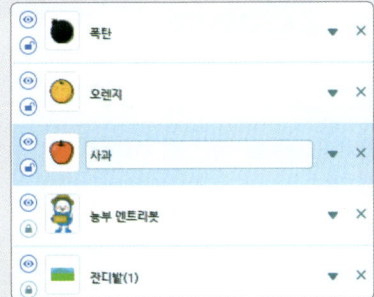

오브젝트	X좌표	Y좌표	크기
사과	175	100	30
오렌지	175	40	30
폭탄	175	−20	30

02 변수 추가하기

❶ 사과, 오렌지 점수에 대한 값을 사용하기 위해 [속성] 탭에서 변수를 클릭하고 <변수 추가하기>를 클릭합니다. 이어서, '점수' 변수는 감추기( )로 설정합니다.

03 오브젝트에 블록 코딩하기

❶ '잔디밭(1)' 오브젝트를 클릭합니다. 이어서, 게임을 시작하면 초 시계가 시작되고 제한 시간 10초가 되면 종료 장면으로 넘어가도록 하는 블록 코드를 다음과 같이 만들어 봅니다.

❷ '농부 엔트리봇' 오브젝트가 마우스를 따라 좌·우로 이동할 수 있도록 블록 코드를 만들어 봅니다.

❸ '사과' 오브젝트가 게임이 시작되면 무작위로 화면 위에서 아래로 떨어지도록 블록 코드를 만들어 봅니다.
  ※ 무작위 수 : 위치 x(−200~200), 시간(1~5)

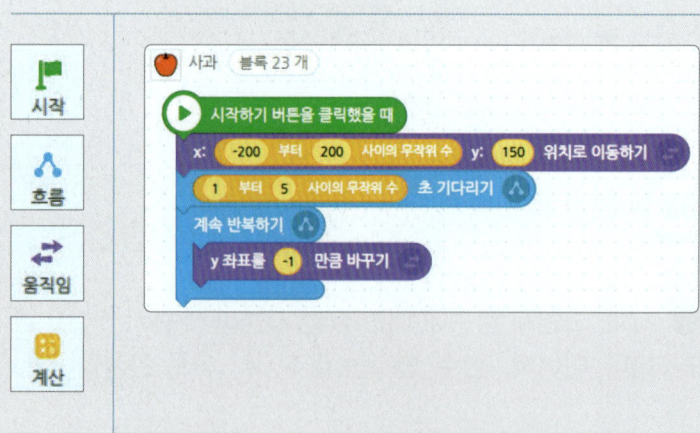

❹ '사과' 오브젝트가 '농부 엔트리봇' 오브젝트에 닿으면 사과 개수가 1만큼 늘어나고 아래쪽 벽에 닿으면 사과 개수가 1만큼 줄어드는 복제본을 만들어 계속 생성될 수 있는 블록 코드를 만들어 다음과 같이 계속 반복하기 안쪽에 블록을 연결합니다.

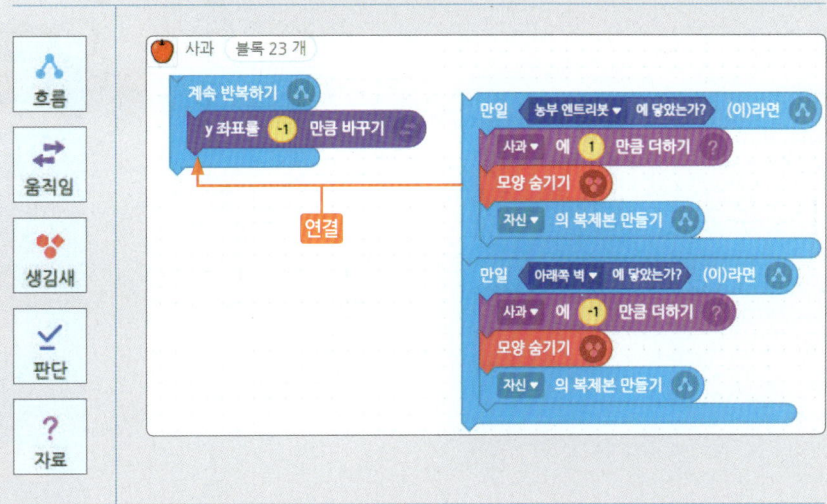

❺ '사과' 오브젝트의 블록 코드를 [코드 복사 & 붙여넣기] 한 다음 [복제본이 처음 생성되었을 때] 블록에 연결하고 다음과 같이 블록 코드를 수정 합니다.

❻ '사과' 오브젝트의 블록 코드를 모두 복사하여 '오렌지' 오브젝트에 붙여넣기하고 수정할 부분을 확인하여 수정 합니다.

❼ '폭탄' 오브젝트가 '농부 엔트리봇' 오브젝트에 닿으면 사과와 오렌지가 각각 1개씩 줄어들고 '아래쪽 벽'에 닿으면 사라질 수 있도록 블록 코드를 만들어 봅니다.

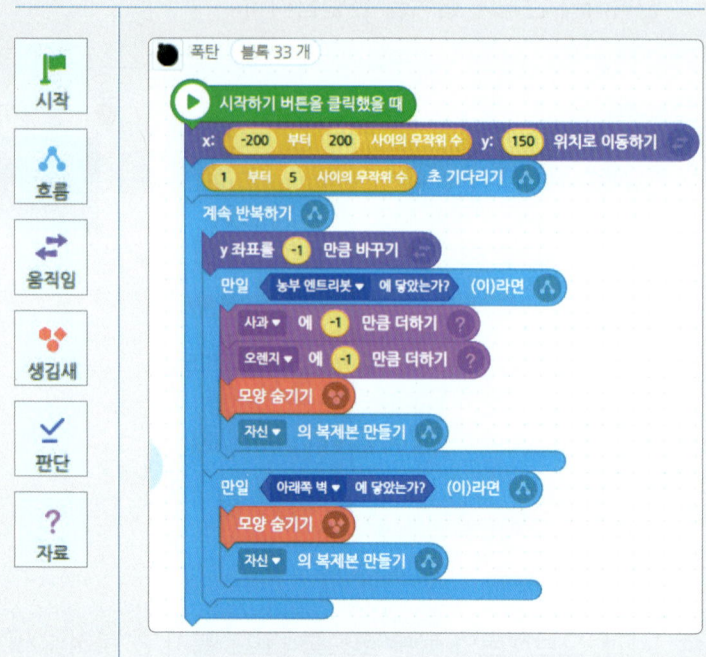

T I P

'사과', '오렌지', '폭탄' 오브젝트에 동일하게 사용되는 블록 코드는 복사해서 붙여넣기한 후 수정하는 방법을 이용하면 좋습니다.

❽ '폭탄' 오브젝트의 블록 코드를 [코드 복사 & 붙여넣기] 하고 다음과 같이 블록 코드를 수정합니다.

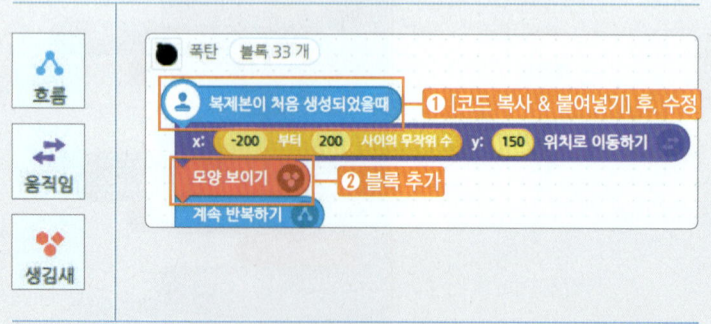

❾ ▶ 시작하기 를 클릭한 다음 사과, 오렌지, 폭탄이 랜덤으로 생성되어 떨어지고 받은 과일 개수가 맞는지 확인해 봅니다.

문해결능력 **미션 수행하기**

■ 불러올 파일 : 5장_미션 수행.ent ■ 완성된 파일 : 5장_미션 수행(완성).ent

01 업그레이드

■ '농부 엔트리봇' 오브젝트는 2개의 모양이 있습니다. 빈 바구니를 든 '농부 엔트리봇2'와 과일바구니를 든 '농부 엔트리봇'입니다. 과일이 1개 이상일 때 과일바구니를 든 '농부 엔트리봇'으로 바뀌도록 블록 코드를 수정해 봅니다.

```
🧑 농부 엔트리봇   블록 13 개

▶ 시작하기 버튼을 클릭했을 때
     ▼ 모양으로 바꾸기
계속 반복하기
  x: 마우스 x▼ 좌표 위치로 이동하기
  만일   ▼ 값 + ▼ 값 >      (이)라면
       ▼ 모양으로 바꾸기
```

02 디버깅

■ 받은 과일의 개수가 1개 미만일 때 빈 바구니를 든 '농부 엔트리봇2' 모양으로 다시 바뀌도록 알맞은 블록을 찾아서 블록 코드를 완성해 봅니다.

```
🧑 농부 엔트리봇   블록 6 개

▶ 시작하기 버튼을 클릭했을 때
  농부 엔트리봇2▼ 모양으로 바꾸기
계속 반복하기
  x: 마우스 x▼ 좌표 위치로 이동하기
```

```
만일   참   (이)라면


만일   참   (이)라면


아니면

```

■ 불러올 파일 : 과일 받기 게임-2.ent   ■ 완성된 파일 : 과일 받기 게임-2(완성).ent

이런걸 배워요!

- 어떤 게임인지 한눈에 알아볼 수 있도록 오브젝트, 소리를 추가하고 소리의 크기를 정하는 방법을 알아봅니다.
- 반복문을 사용하여 소리를 조합하여 새로운 소리로 만드는 방법을 알아봅니다.
- 게임에서 획득한 점수를 표시하는 방법을 알아봅니다.

▼ 완성 영상 미리보기

이번 시간 등장요소

게임 첫 화면

달리는 엔트리봇, 과수원의 빈 수레, 게임 시작 버튼

게임 종료 화면

집게를 든 엔트리봇, 과수원의 과일이 가득 찬 수레, 과일 개수를 알려주는 이젤

게임 시작 방법

달리는 엔트리봇이 빈 수레에 이동하고, 확대/축소를 반복하는 게임 시작 버튼을 클릭하면 시작한다.

게임 점수 표시

이젤 오브젝트에 바구니에 담긴 과일의 합계를 개수로 표시한다.

문제 해결마법사

다음 좌표에서 자음과 모음에 해당하는 주소를 적어봅니다.

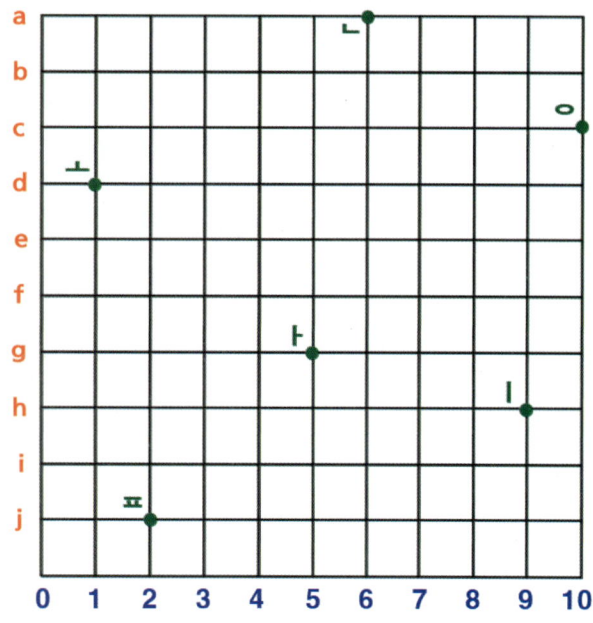

ㅍ	ㅣ	ㅇ	ㅏ	ㄴ	ㅗ
		c10			

01 [첫 화면] 장면 만들기

❶ 엔트리에서 [불러오기()]-[오프라인 작품 불러오기]를 클릭합니다. 이어서, [불러올 파일]-[CHAPTER 06]에서 '과일 받기 게임-2.ent' 파일을 불러옵니다.

❷ [첫 화면] 장면에서 <오브젝트 추가하기> 단추를 클릭한 다음 [오브젝트 추가하기] 대화 상자에서 '달리는 엔트리봇'을 검색하고 <추가하기> 단추를 클릭한 후, 오브젝트의 위치와 크기를 다음과 같이 변경합니다.

오브젝트	X좌표	Y좌표	크기
달리는 엔트리봇	-120	-55	120

❸ 첫 번째 글상자를 추가하기 위해 <오브젝트 추가하기> 단추를 클릭한 다음 [오브젝트 추가하기] 대화 상자에서 [글상자]를 선택합니다. 이어서, 내용 칸에 '과일을 받아라!'를 입력하고 <추가하기> 단추를 클릭하고, 다음과 같이 변경합니다.

※ 글상자 서식 : 과일을 받아라!, 글꼴(나눔고딕), 진하게, 배경색(R: 255, G: 222, B: 138)

　위치 및 크기 : x(5), y(90), 크기(165)

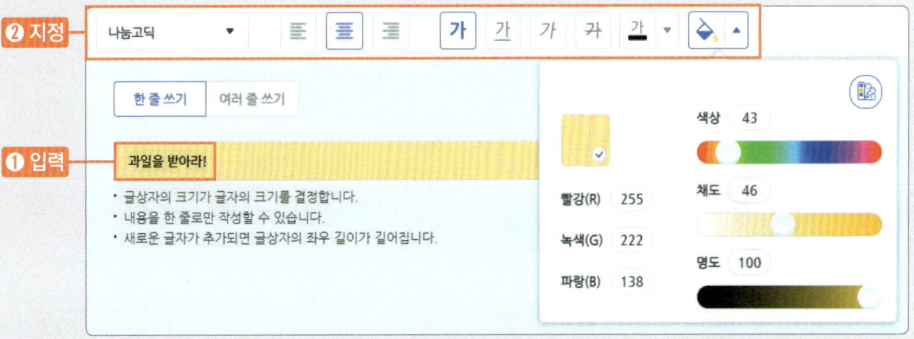

❹ 두 번째 글상자를 추가하기 위해 <오브젝트 추가하기> 단추를 클릭한 다음 [오브젝트 추가하기] 대화 상자에서 [글상자]를 선택합니다. 이어서, 내용칸에 '게임시작'을 입력하고 <추가하기> 단추를 클릭한 후, 다음과 같이 변경합니다.

※ 글상자 서식 : 게임시작, 글꼴(나눔고딕), 진하게, 글꼴색(R: 85, G: 0, B: 255), 배경색(흰색)

　위치 및 크기 : x(50), y(-75), 크기(60)

02 오브젝트에 블록 코딩하기

❶ '달리는 엔트리봇'을 클릭합니다. 이어서, 빈 수레 그림 위치로 이동하고 소리를 추가하는 블록 코드를 만들어 봅니다.

❷ '게임시작' 글상자 오브젝트의 크기가 반복적으로 확대/축소되고 소리를 추가하는 블록 코드를 만들어 봅니다.

❸ '게임시작' 글상자 오브젝트를 클릭했을 때 게임 장면으로 전환되고 게임이 시작되도록 블록 코드를 만들어 봅니다.

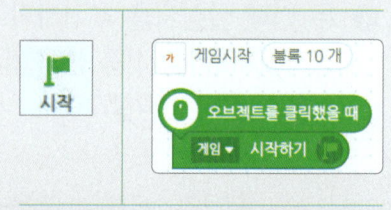

❹ 게임이 시작되기 위해 [게임] 장면의 모든 오브젝트의 블록 코드를 다음과 같이 모두 변경합니다.
   ※ '잔디밭(1)', '농부 엔트리봇', '사과', '오렌지', '폭탄'

03 ▶ [종료] 장면 만들기

❶ [종료] 장면에서 <오브젝트 추가하기> 단추를 클릭한 다음 [오브젝트 추가하기] 대화 상자에서 '땀 흘리는 엔트리봇', '이젤'을 검색하고 <추가하기> 단추를 클릭합니다. 이어서, 오브젝트의 위치와 크기를 다음과 같이 변경합니다.

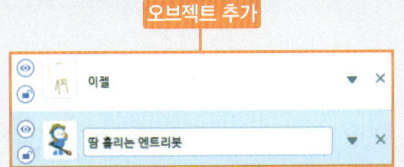

오브젝트	X좌표	Y좌표	크기
땀 흘리는 엔트리봇	6	-45	100
이젤	-130	-50	210

❷ 글상자를 추가한 다음 내용과 서식을 적용한 다음 글상자의 이름은 '점수'로 변경합니다.

※ 글상자 서식 : '바구니에 담긴 과일의 개수는? 총', 글꼴(나눔고딕), 진하게, 배경색(없음), 글자색(빨강), 여러 줄 쓰기
위치 및 크기 : x(-130), y(2), 크기(130)

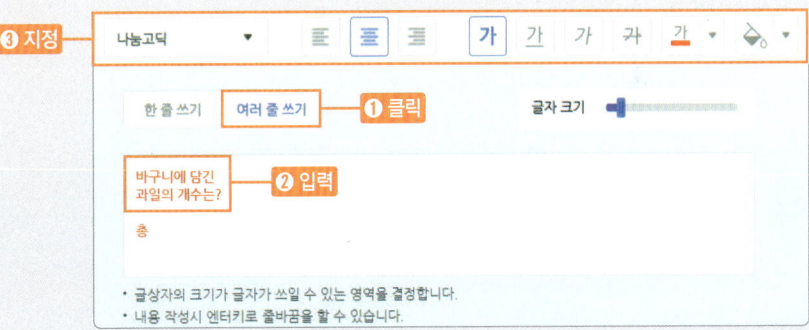

❸ '점수' 글상자 오브젝트를 클릭한 다음 초 시계와 변수들을 숨기는 블록 코드를 만들어 봅니다.

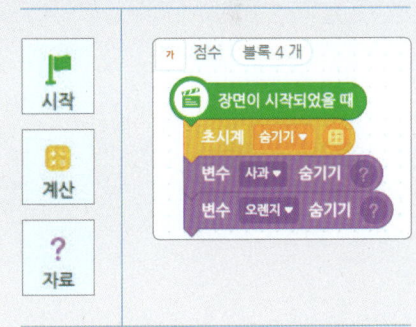

❹ 사과와 오렌지를 더하기 한 값을 표시하기 위한 블록 코드를 만들어 보고 변수 숨기기 블록 아래에 연결합니다.

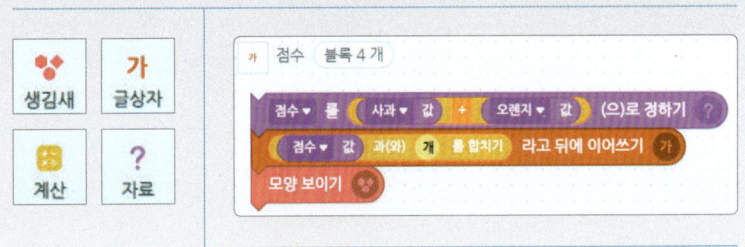

❺ '과수원(2)' 오브젝트를 클릭합니다. 이어서, 종료 장면이 시작되었을 때 재밌는 소리를 추가하여 블록 코드를 만들어 봅니다.

❻ ▶ 시작하기 를 클릭한 다음 첫 화면 → 게임 → 종료 순으로 장면이 전환되고 소리 및 최종 점수가 잘 표시되는지 확인해 봅니다.

문제해결능력 **미션 수행하기**

■ 불러올 파일 : 6장_미션 수행.ent ■ 완성된 파일 : 6장_미션 수행(완성).ent

01 업그레이드

■ 게임하는 동안 배경 음악과 종료되었을 때 점수에 따라 다른 효과음이 나올 수 있도록 블록 코드를 완성해 봅니다.

┌ 예시 ┐

잔디밭(1)　블록 23 개

```
장면이 시작되었을 때
계속 반복하기
  소리 마림바 01_낮은솔 ▼ 재생하기
  0.1 초 기다리기
  소리 마림바 12_높은레 ▼ 재생하기
  0.1 초 기다리기
  소리 마림바 14_높은파 ▼ 재생하기
  0.1 초 기다리기
  소리 마림바 02_낮은라 ▼ 재생하기
  0.1 초 기다리기
```

과수원(2)　블록 12 개

```
장면이 시작되었을 때
점수 ▼ 를 ( 사과 ▼ 값 + 오렌지 ▼ 값 ) (으)로 정하기
만일 < 점수 ▼ 값 > 0 > (이)라면
  소리 박수갈채 ▼ 재생하고 기다리기
아니면
  소리 웃음소리 ▼ 재생하고 기다리기
```

02 디버그

■ 전체적으로 소리의 크기가 작아졌어요. 1개의 블록을 찾아 삭제해서 소리가 정상적인 크기로 나올 수 있도록 수정해 봅니다.

달리는 엔트리봇　블록 5 개

```
시작하기 버튼을 클릭했을 때
소리 자동차 급정지 ▼ 0.5 초 재생하기
소리 크기를 10 % 로 정하기
0.5 초 동안 x: -75 y: -55 위치로 이동하기
```

➡

달리는 엔트리봇　블록 4 개

```
시작하기 버튼을 클릭했을 때
소리 자동차 급정지 ▼ 0.5 초 재생하기
0.5 초 동안 x: -75 y: -55 위치로 이동하기
```

CHAPTER 07

바다 쓰레기 청소하기 - 1

■ 불러올 파일 : 바다 쓰레기 청소하기-1.ent　　■ 완성된 파일 : 바다 쓰레기 청소하기-1(완성).ent

이런걸 배워요!
- 오브젝트를 추가하는 방법을 알아봅니다.
- 오브젝트에 질문을 등록하고 질문에 따른 정답과 오답에 대한 행동을 다르게 표현하는 방법을 알아봅니다.

▼ 완성 영상 미리보기

이번 시간 등장요소

게임 요소1 : 쓰레기통

게임에 대한 간단한 설명을 하고 쓰레기 변수 값이 4개가 되면 게임이 종료된다.

게임 요소2 : 바나나 껍질

바나나 껍질은 일반 쓰레기와 음식물 쓰레기 중에서 대답하도록 설정한다.

게임 요소3 : 우유, 콜라, 빈 유리병

분리수거의 번호를 '1. 종이, 2. 플라스틱, 3. 유리병'으로 설정하여 각 요소마다 분리수거에 맞는 번호로 설정하고 대답하도록 설정한다.

게임 점수 및 게임 종료

쓰레기별로 분리수거에 대한 정답을 맞추면 '쓰레기 변수'에 1만큼 더하고, 변수 값이 총 4가 되면 게임이 종료된다.

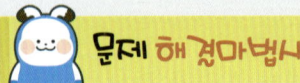 문제 해결마법사 : 다음 그림의 빈 칸에 숫자 또는 연산 기호를 적어봅니다.

01 오브젝트 불러오기와 편집

❶ 엔트리에서 [불러오기( )]-[오프라인 작품 불러오기]를 클릭합니다. 이어서, [불러올 파일]-[CHAPTER 07]에서 '바다 쓰레기 청소하기-1.ent' 파일을 불러옵니다.

❷ <오브젝트 추가하기> 단추를 클릭한 다음 '쓰레기통', '빈 유리병', '우유200ml', '바나나껍질', '콜라'를 검색하고 <추가하기> 단추를 클릭합니다.

❸ 오브젝트의 위치와 크기, 방향을 다음과 같이 변경합니다.

오브젝트	X좌표	Y좌표	크기	방향
쓰레기통	165	10	100	0°
바나나껍질	-160	0	60	0°
빈 유리병	-40	2	60	15°
우유200ml	50	-40	30	340°
콜라	-110	-70	70	280°

02 변수 추가하기

❶ 쓰레기의 개수를 저장하여 게임 점수 값으로 사용하기 위해 [속성] 탭에서 변수를 클릭하고 <변수 추가하기> 단추를 클릭합니다. 이어서, 변수 이름은 '쓰레기'를 입력한 다음 <변수 추가> 단추를 클릭하고 감추기( )로 설정합니다.

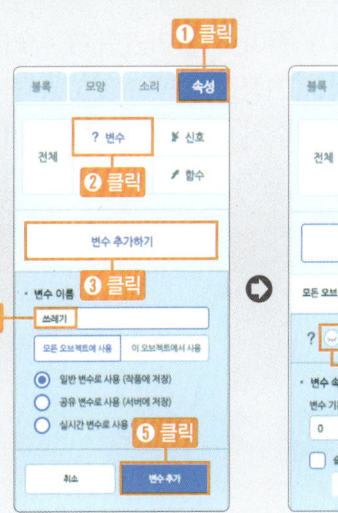
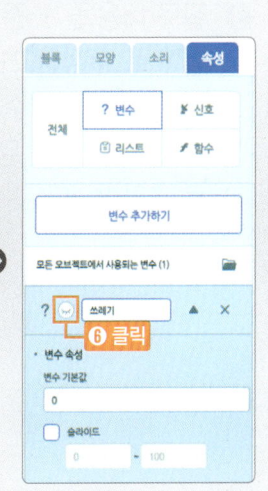

03 오브젝트에 블록 코딩하기

❶ '바나나껍질' 오브젝트를 클릭하는 동안 마우스 포인터 위치로 이동하며 '쓰레기통' 오브젝트에 닿았다면 분리수거에 관한 질문을 하고 대답을 기다립니다. 이어서, 대답과 정답이 일치하는지 판단한 후 정답과 오답에 따라 다르게 표현되도록 블록 코드를 다음과 같이 만들어 봅니다.

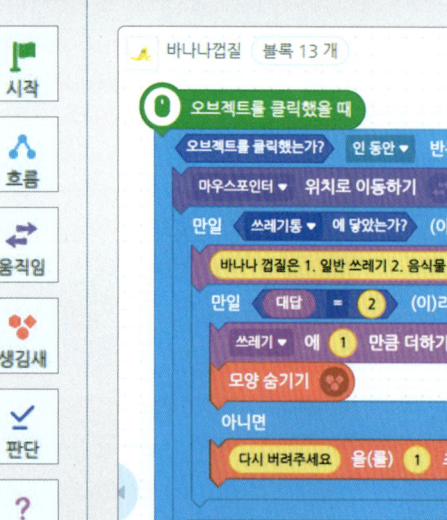

✋ 여기서 잠깐!

바나나 껍질은 대부분 음식물 쓰레기로 분류되지만 일부 지자체에서는 일반 쓰레기로 분류하는 경우가 있어요. 일반적으로 쉽게 분해되는 부드러운 과일 껍질은 음식물 쓰레기, 단단한 과일 껍질은 일반 쓰레기로 분류해요.

❷ '바나나껍질'에 설정한 블록 코드 전체를 [코드 복사]하여 '빈 유리병' 오브젝트에 [붙여넣기] 합니다.

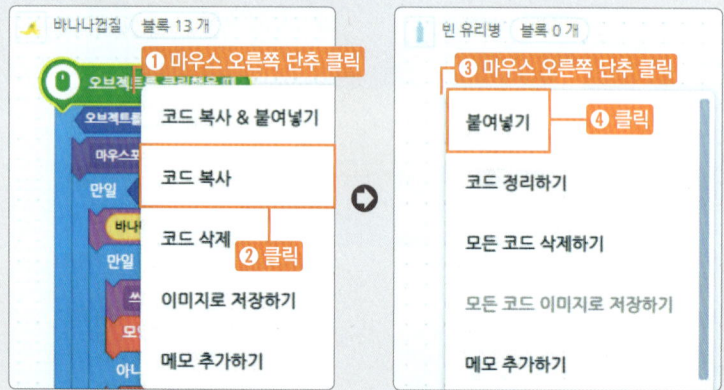

❸ 질문 내용을 '1. 종이, 2. 플라스틱, 3. 유리병'으로 수정하고 정답은 '3'이 되도록 변경합니다. '분리수거 번호를 입력해 주세요'를 '2'초 동안 말하도록 블록 코드를 새로 추가합니다.

❹ '빈 유리병' 오브젝트에 설정한 블록 코드 전체를 <코드 복사>하고 '우유200ml' 오브젝트와 '콜라' 오브젝트에 [붙여넣기] 합니다.

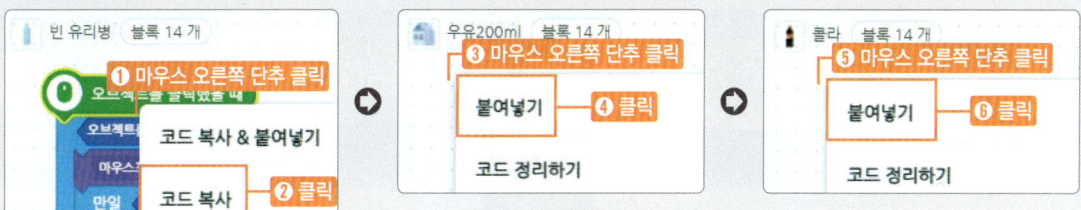

❺ '우유200ml' 오브젝트의 정답은 '1'로 변경하고, '콜라' 오브젝트의 정답은 '2'로 변경합니다.

우유200ml 오브젝트	콜라 오브젝트
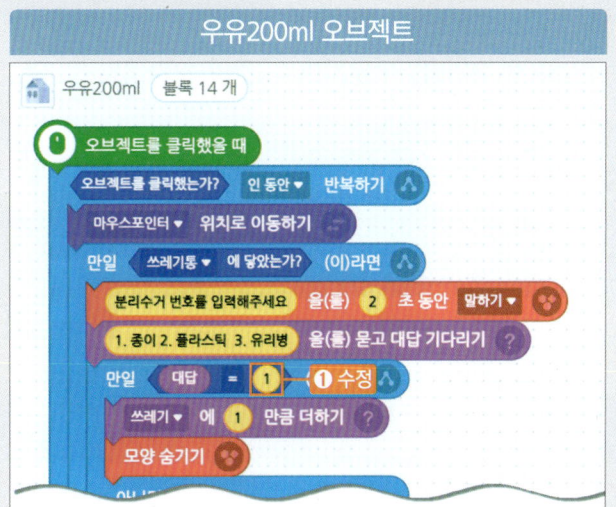	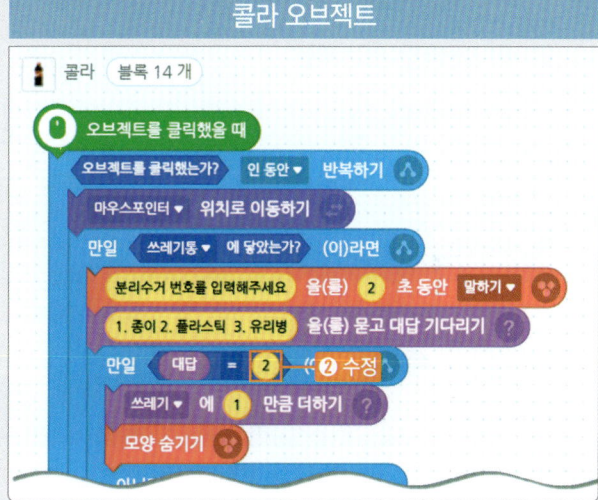

04 '쓰레기통' 오브젝트에 블록 코딩하기

❶ '쓰레기통' 오브젝트는 '쓰레기' 변수의 값이 '4'가 될 때까지 기다렸다가 쓰레기의 값이 총 '4'가 되면 '청소 완료!'라고 말할 수 있도록 블록 코드를 다음과 같이 만들어 봅니다.

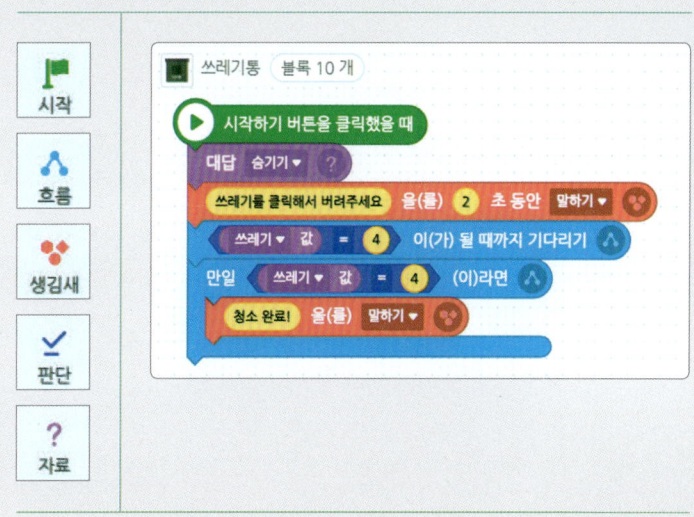

❷ ▶ 시작하기 를 클릭한 다음 4개의 쓰레기를 클릭하여 쓰레기통으로 이동한 다음 정답과 오답을 입력했을 때의 장면을 확인해 봅니다.

▲ '바나나껍질' 오브젝트

▲ '빈 유리병', '우유200ml', '콜라' 오브젝트

▲ 오답 입력

▲ 게임 종료

문제해결능력 **미션 수행하기**

■ 불러올 파일 : 7장_미션 수행.ent   ■ 완성된 파일 : 7장_미션 수행(완성).ent

01 디버깅

■ '바나나껍질' 오브젝트를 클릭하고 정답을 잘못 대답했을 때 2초 동안 x: −160, y: 0 위치로 이동할 수 있도록 블록 코드를 수정해 봅니다.

> 🍌 바나나껍질   블록 14 개
>
> 오브젝트를 클릭했을 때
> 오브젝트를 클릭했는가? 인 동안▼ 반복하기
> 마우스포인터▼ 위치로 이동하기
> 만일 쓰레기통▼ 에 닿았는가? (이)라면
> 바나나 껍질은 1. 일반 쓰레기 2. 음식물 쓰레기 어디로 버려야할까요? 을(를) 묻고 대답 기다리기
> 만일 대답 = 2 (이)라면
> 쓰레기▼ 에 1 만큼 더하기
> 모양 숨기기
> 아니면
> 다시 버려주세요 을(를) 1 초 동안 말하기▼

02 업그레이드

■ '쓰레기' 변수 값이 4가 되었을 때 '청소 완료!'를 말하고 '호루라기' 소리가 재생될 수 있도록 [소리] 탭에서 소리를 추가합니다. 이어서, 3초 후에 처음부터 다시 실행하도록 블록 코드를 수정해 봅니다.

> 🗑 쓰레기통   블록 14 개
>
> 시작하기 버튼을 클릭했을 때
> 대답 숨기기▼
> 쓰레기를 클릭해서 버려주세요 을(를) 2 초 동안 말하기▼
> 쓰레기▼ 값 = 4 이(가) 될 때까지 기다리기
> 만일 쓰레기▼ 값 = 4 (이)라면
> 청소 완료! 을(를) 말하기▼
> 소리 ⬤ 재생하기
> ⬤ 초 기다리기

바다 쓰레기 청소하기 - 2

■ **불러올 파일** : 바다 쓰레기 청소하기-2.ent ■ **완성된 파일** : 바다 쓰레기 청소하기-2(완성).ent

이런걸 배워요!

- 장면을 추가하고 장면 전환하는 방법을 알아봅니다.
- 어떤 게임인지 한눈에 알아볼 수 있도록 글상자 오브젝트를 추가하는 방법을 알아봅니다.
- 텍스트와 변수의 값을 함께 나타낼 수 있는 장면을 만드는 방법을 알아봅니다.
- 인공지능(AI) 블록에서 읽어주기 기능을 사용하는 방법을 알아봅니다.

▼ 완성 영상 미리보기

이번 시간 등장요소

첫 화면 배경

게임 배경과 다른 배경 선택한다.
'바닷속(3)' 오브젝트 적용

게임 제목

짧고 간결하면서 재밌게 만든다.
"바다 쓰레기 청소하기"

첫 화면 스토리

아기 고래가 한 바퀴 돌고 바다에 쓰레기가 많아 친구들이 힘들어해서 해변 쓰레기를 치워달라고 말한다.

게임 장면으로 넘어가기

아기 고래를 클릭했을 때 게임 화면으로 장면이 전환되며 게임이 시작된다.

종료 장면 배경

첫 화면 배경, 게임 배경과 다른 배경을 선택한다.
'아름다운 세상_1' 배경 적용

게임 점수

아기 고래가 깨끗한 해변을 만들어줘서 고맙다고 말한 후 쓰레기의 개수 값을 말한다.

종료 장면 스토리

해변의 쓰레기를 모두 분리수거하면서 버렸기 때문에 깨끗한 해변이 만들어진 느낌을 표현한다.

첫 화면으로 넘어가기

good 엔트리봇이 분리수거를 잘하네요~ 라고 하면서 처음부터 다시 실행한다고 말한 후 게임이 재시작된다.

01 [첫 화면] 장면 만들기

❶ 엔트리에서 [불러오기(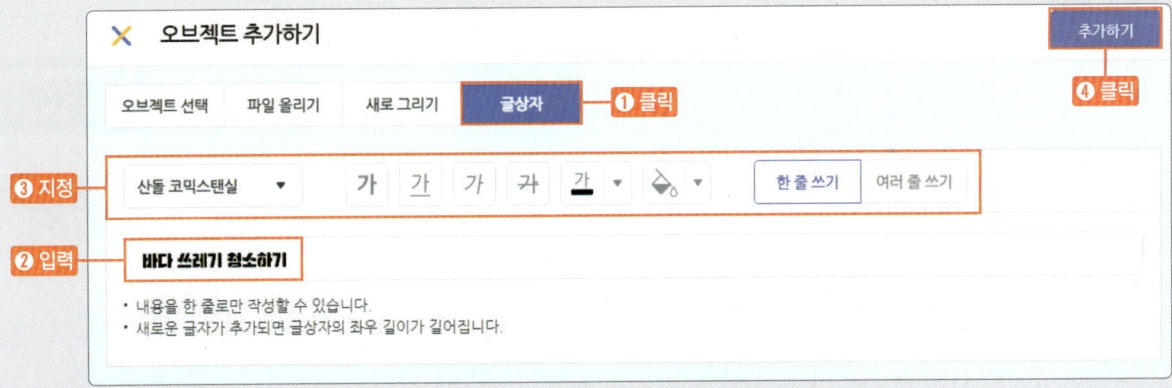)]–[오프라인 작품 불러오기]를 클릭합니다. 이어서, [불러올 파일]–[CHAPTER 08]에서 '바다 쓰레기 청소하기-2.ent' 파일을 불러옵니다.

❷ [첫 화면] 장면에서 <오브젝트 추가하기> 단추를 클릭한 다음 [오브젝트 추가하기] 대화 상자에서 '바닷속(3)', '아기 고래'를 검색하고 <추가하기> 단추를 클릭합니다. 이어서, 오브젝트의 위치와 크기를 다음과 같이 변경합니다.

오브젝트	X좌표	Y좌표	크기
아기 고래	150	-55	100

❸ 게임의 제목을 표현하는 글상자를 추가하기 위해 <오브젝트 추가하기> 단추를 클릭한 다음 오브젝트 추가하기에서 [글상자]를 클릭합니다.

❹ 게임 제목을 내용 칸에 입력하고 글꼴, 속성, 배경 색을 다음과 같이 설정 후 <추가하기> 단추를 클릭합니다.

※ 글상자 서식 : '바다 쓰레기 청소하기', 글꼴(산돌 코믹스탠실), 글꼴 색상(R: 255, G: 255, B: 255), 배경색(없음)

❺ 이어서, 그림과 같이 배치되도록 위치(x:-150, y:60)와 크기(170%)를 조절합니다.

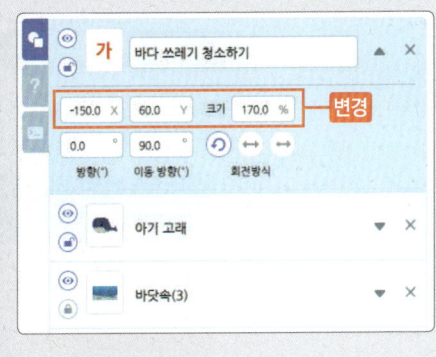

02 [첫 화면] 장면에 블록 코딩하기

❶ '아기 고래' 오브젝트를 클릭하고 [시작하기] 버튼을 클릭했을 때 게임에 대한 설명을 하도록 블록 코드를 만들어 봅니다.

　※ 인공지능 블록은 [읽어주기]를 추가합니다.

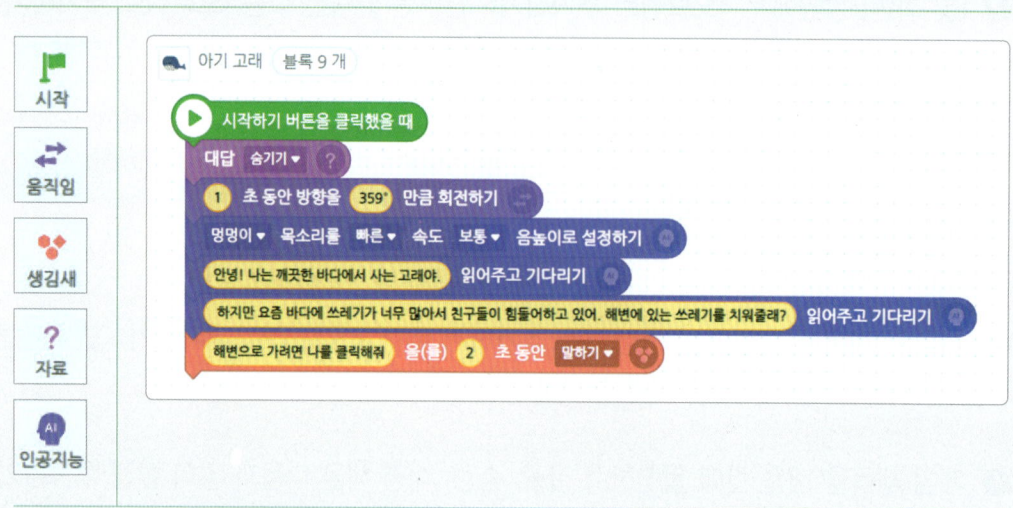

❷ '아기 고래' 오브젝트를 클릭하면 '다음' 장면으로 전환이 되면서 게임이 시작 되도록 블록 코드를 추가해 봅니다.

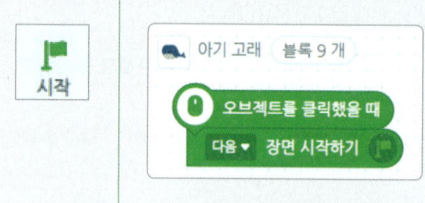

03 [게임] 장면의 블록 코드 수정하기

❶ [첫 화면] 장면에서 '아기 고래' 오브젝트를 클릭했을 때 [게임] 장면으로 넘어가서 게임이 시작되기 때문에 [게임] 장면에서 '쓰레기통' 오브젝트를 클릭한 다음 블록 코드를 다음과 같이 수정합니다.

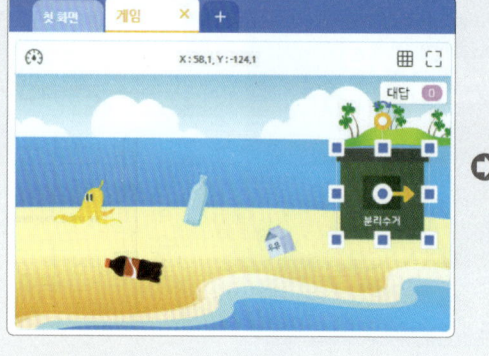
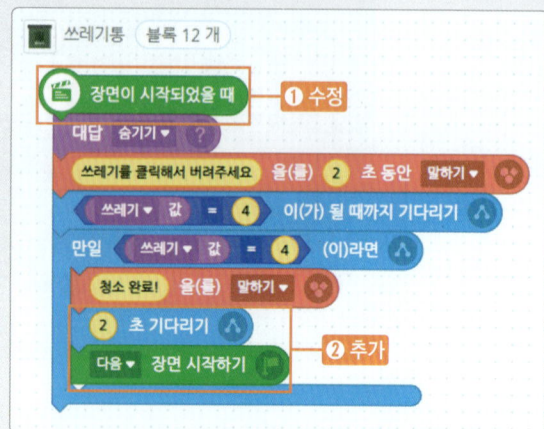

04 ▶ [종료] 장면 만들기

❶ '종료' 장면을 추가하고 '아름다운 세상_1', '아기 고래', 'good 엔트리봇' 오브젝트를 추가합니다. 이어서, 오브젝트의 위치와 크기를 다음과 같이 변경합니다.

오브젝트	X좌표	Y좌표	크기
아기 고래	-140	-60	120
good 엔트리봇	150	-60	150

05 ▶ [종료] 장면에 블록 코딩하기

❶ [종료] 장면이 시작되었을 때 '아기 고래'가 '깨끗한 해변을 만들어줘서 고마워'라고 말하며 쓰레기의 변수 값을 말하도록 블록 코드를 만들어 봅니다.

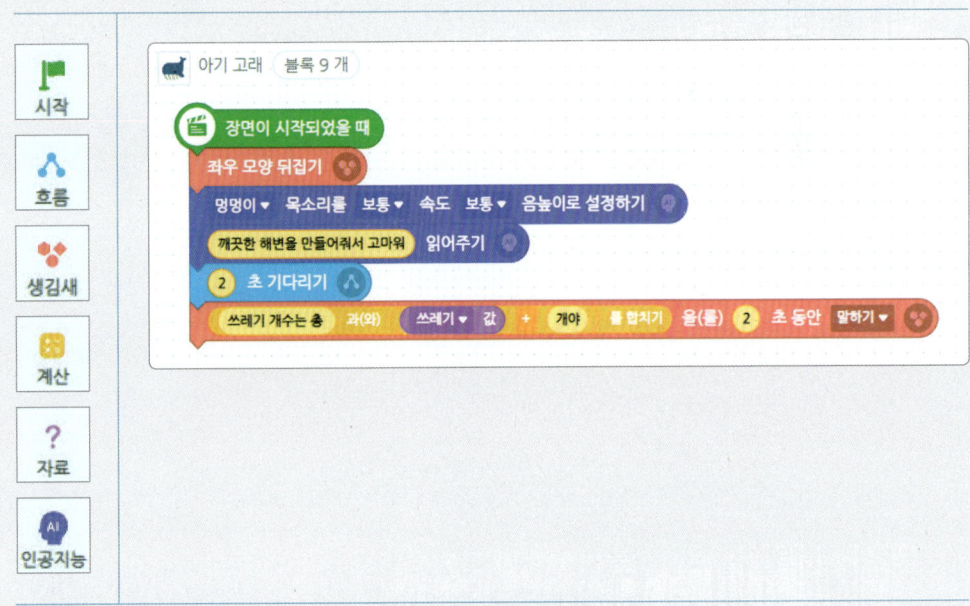

❷ 'good 엔트리봇' 오브젝트는 장면이 시작되었을 때 모양을 숨겼다가 '5초' 뒤에 모양이 보이면서 종료 멘트를 말한 후에 처음부터 다시 실행하도록 블록 코드를 만들어 봅니다.

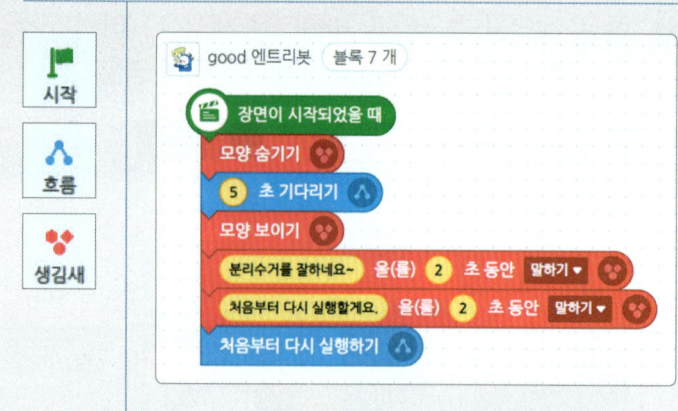

❸ ▶ 시작하기 를 클릭한 다음 게임을 시작해 봅니다.

CHAPTER 08 | 문제해결능력 | 미션 수행하기

■ 불러올 파일 : 8장_미션 수행.ent ■ 완성된 파일 : 8장_미션 수행(완성).ent

01 디버깅

■ [첫 화면] 장면에서 '아기 고래'의 멘트가 끝난 후, 오브젝트를 클릭하기 전까지 계속해서 '1초'마다 '다음' 모양으로 바꾸도록 블록 코드를 수정해 봅니다.

```
🐳 아기 고래   블록 12 개

▶ 시작하기 버튼을 클릭했을 때
대답  숨기기 ▾  ?
1  초 동안 방향을  359°  만큼 회전하기
멍멍이 ▾  목소리를  빠른 ▾  속도  보통 ▾  음높이로 설정하기
안녕! 나는 깨끗한 바다에서 사는 고래야.  읽어주고 기다리기
하지만 요즘 바다에 쓰레기가 너무 많아서 친구들이 힘들어하고 있어. 해변에 있는 쓰레기를 치워줄래?  읽어주고 기다리기
해변으로 가려면 나를 클릭해줘  을(를)  2  초 동안  말하기 ▾
계속 반복하기
    모양으로 바꾸기
    1  초 기다리기

◉ 오브젝트를 클릭했을 때
다음 ▾  장면 시작하기
```

바다 쓰레기 청소하기

대답 ⓪

02 업그레이드

■ [종료] 장면에서 'good 엔트리봇' 오브젝트를 클릭했을 때 종료 멘트를 말하면서 처음 부터 다시 실행되도록 코드를 수정해 봅니다.

```
🤖 good 엔트리봇   블록 8 개

📺 장면이 시작되었을 때
모양 숨기기
5  초 기다리기
모양 보이기

◉
분리수거를 잘하네요~  을(를)  2  초 동안  말하기 ▾
처음부터 다시 실행할게요.  을(를)  2  초 동안  말하기 ▾
처음부터 다시 실행하기
```

대답 ⓪

탕후루 재료 구매하기 - 1

■ 불러올 파일 : 탕후루 재료 구매하기-1.ent   ■ 완성된 파일 : 탕후루 재료 구매하기-1(완성).ent

이런걸 배워요!
- 오브젝트와 리스트, 변수, 신호를 추가하는 방법을 알아봅니다.
- 리스트에 저장된 값과 변수 값이 동일한지 판단하여 정답과 오답에 따라 장면을 다르게 설정하는 방법을 알아봅니다.

▼ 완성 영상 미리보기

이번 시간 등장요소

게임 요소1 : 딸기, 토마토, 오렌지

탕후루 재료에 필요한 딸기 5개, 토마토 3개, 오렌지 2개를 구매하려면 각 과일의 오브젝트를 클릭하고 구매할 수량을 입력한다.

게임 요소2 : 변수와 리스트

총 금액 변수에는 구매할 과일의 수량 × 단가를 계산하여 저장하고, 필요한 재료와 구매 금액을 저장할 수 있도록 리스트는 총 2개로 설정한다.

배경

재료의 총 구매 금액이 1,600원이고, 대답 또한 1,600이 맞는지 확인해서 다음 장면이 시작되고, 그렇지 않으면 초기화 신호를 보내서 다시 시작하도록 설정한다.

게임 종료 조건

딸기 1개 200원 × 5개 = 1,000원
토마토 1개 100원 × 3개 = 300원
오렌지 1개 150원 × 2개 = 300원
총금액 1,600원과 대답이 일치한지 판단한 후 게임이 종료되거나 초기화 되도록 설정한다.

문제 해결마법사   화살표의 순서대로 글자를 동그라미 모양으로 표시해 봅니다.

엔	품	으	로	처
작	트	코	첫	만
손	리	딩	임	드
걸	A	최	는	게
리	I	음	고	!

01 오브젝트 불러오기와 편집

❶ 엔트리에서 [불러오기(📋▾)]-[오프라인 작품 불러오기]를 클릭합니다. 이어서, [불러올 파일]-[CHAPTER 09]에서 '탕후루 재료 구매하기-1.ent' 파일을 불러옵니다.

❷ <오브젝트 추가하기> 단추를 클릭한 다음 '리스트 버튼', '딸기', '토마토', '오렌지'를 검색하고 <추가하기> 단추를 클릭합니다.

❸ 오브젝트의 위치와 크기를 다음과 같이 변경합니다.

오브젝트	X좌표	Y좌표	크기
리스트 버튼	185	-85	55
딸기	-145	-80	55
토마토	-30	-85	55
오렌지	85	-85	55

02 리스트와 변수 추가하기

❶ '시장에서 물건을 구매했을 때 총 금액을 계산할 변수를 만들기 위해 [속성] 탭에서 변수를 클릭하고 <변수 추가하기>를 클릭합니다. 이어서, 변수의 이름은 '총 금액'으로 설정하고 기본값은 '0'으로 설정합니다.

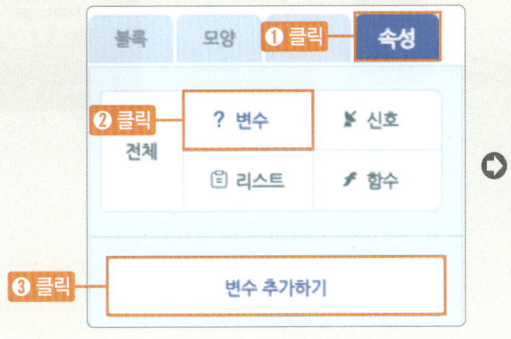
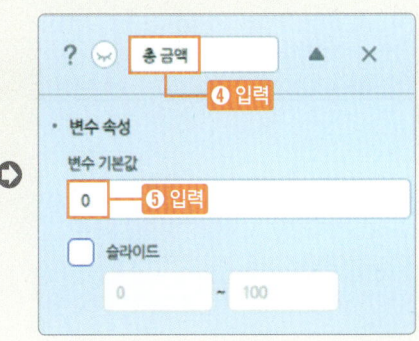

❷ 필요한 재료와 구매 금액을 저장하기 위한 리스트를 추가하기 위해 [속성] 탭에서 리스트를 클릭하고 <리스트 추가하기>를 클릭합니다. 이어서, 다음과 같이 총 2개의 리스트를 설정합니다.

　– **리스트1 이름** : 필요한 재료, 리스트 항목 수 : 3개, **리스트 기본값** : 딸기 5개, 토마토 3개, 오렌지 2개
　– **리스트2 이름** : 구매 금액, 리스트 항목 수 0, 감추기(⊙) 설정

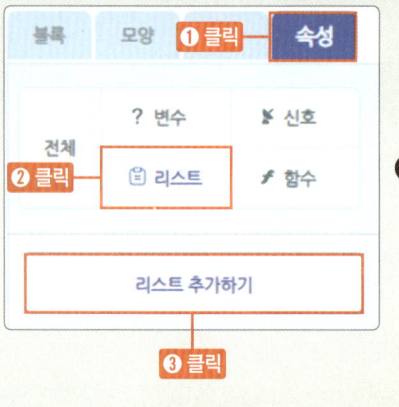 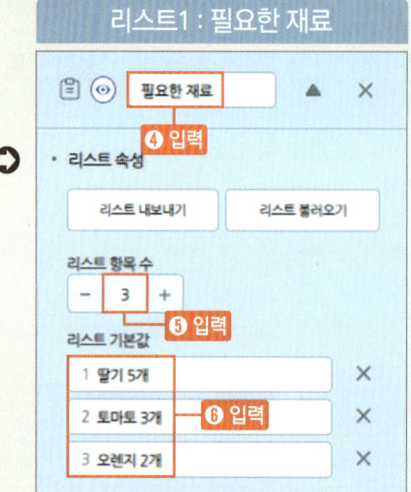 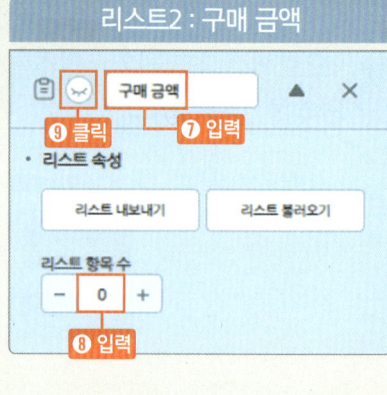

---

03 오브젝트에 블록 코딩하기

❶ '딸기' 오브젝트를 클릭하고 다음과 같이 블록 코드를 만들어 봅니다. '딸기' 오브젝트에 마우스 포인터가 닿았을 때 200원이라고 말하고, 오브젝트를 클릭하면 몇 개 구매할지 물어보며 대답한 개수와 200원을 곱하여 '구매 금액' 리스트와 '총 금액' 변수에 저장합니다.

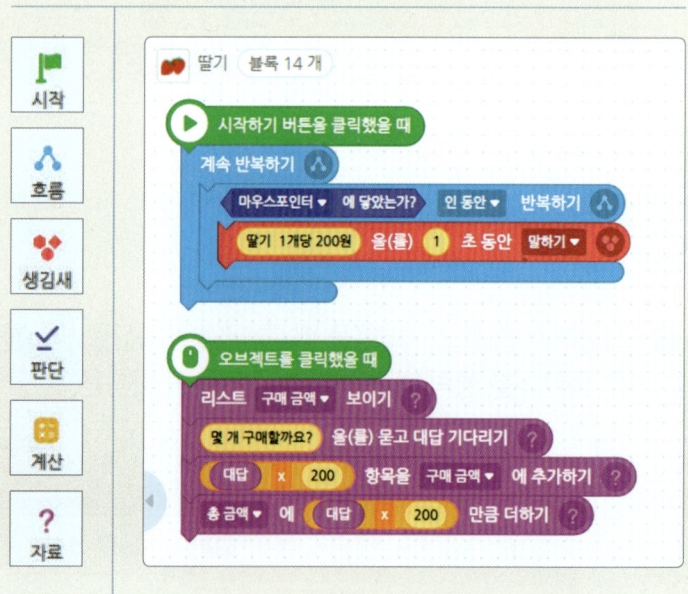

❷ '딸기'에 설정한 블록 코드 전체를 [코드 복사]하여 '토마토'와 '오렌지' 오브젝트에 [붙여넣기] 합니다.

❸ '토마토'는 '토마토 1개당 100원'으로 수정하고 '오렌지'는 '오렌지 1개당 150원'으로 수정합니다. '구매 금액' 리스트와 '총 금액' 변수에 저장될 값도 '대답 × 금액'으로 수정합니다.

토마토 오브젝트	오렌지 오브젝트
🍅 토마토 블록 14 개	🍊 오렌지 블록 14 개
▶ 시작하기 버튼을 클릭했을 때	▶ 시작하기 버튼을 클릭했을 때
계속 반복하기	계속 반복하기
마우스포인터 ▼ 에 닿았는가? 인 동안 ▼ 반복하기	마우스포인터 ▼ 에 닿았는가? 인 동안 ▼ 반복하기
토마토 1개당 100원 을(를) 1 초 동안 말하기 ▼	오렌지 1개당 150원 을(를) 1 초 동안 말하기 ▼
● 오브젝트를 클릭했을 때	● 오브젝트를 클릭했을 때
리스트 구매 금액 ▼ 보이기	리스트 구매 금액 ▼ 보이기
몇 개 구매할까요? 을(를) 묻고 대답 기다리기	몇 개 구매할까요? 을(를) 묻고 대답 기다리기
대답 x 100 항목을 구매 금액 ▼ 에 추가하기	대답 x 150 항목을 구매 금액 ▼ 에 추가하기
총 금액 ▼ 에 대답 x 100 만큼 더하기	총 금액 ▼ 에 대답 x 150 만큼 더하기

04 '리스트 버튼' 오브젝트에 블록 코딩하기

❶ '리스트 버튼' 오브젝트를 클릭하고 오답을 입력했을 때 리스트에 저장된 값을 초기화하는 신호를 만들기 위해 [속성] 탭에서 신호를 클릭하고 <신호 추가하기>를 클릭합니다. 이어서, 신호의 이름은 '초기화'로 설정합니다.

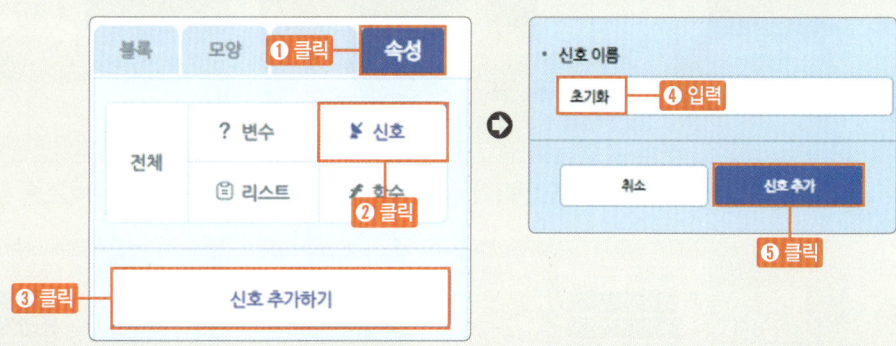

❷ '리스트 버튼' 오브젝트를 클릭하고 다음과 같이 블록 코드를 만들어 봅니다. '리스트 버튼' 오브젝트를 클릭했을 때 과일을 구매할 총 금액이 얼마인지를 묻고 대답과 총 금액 값이 일치하는지 판단합니다. 이어서, 정답이면 게임이 종료되고 오답이면 '초기화' 신호를 사용해서 저장되어 있는 '구매 금액' 리스트의 값을 모두 삭제하여 처음부터 실행되도록 설정합니다.

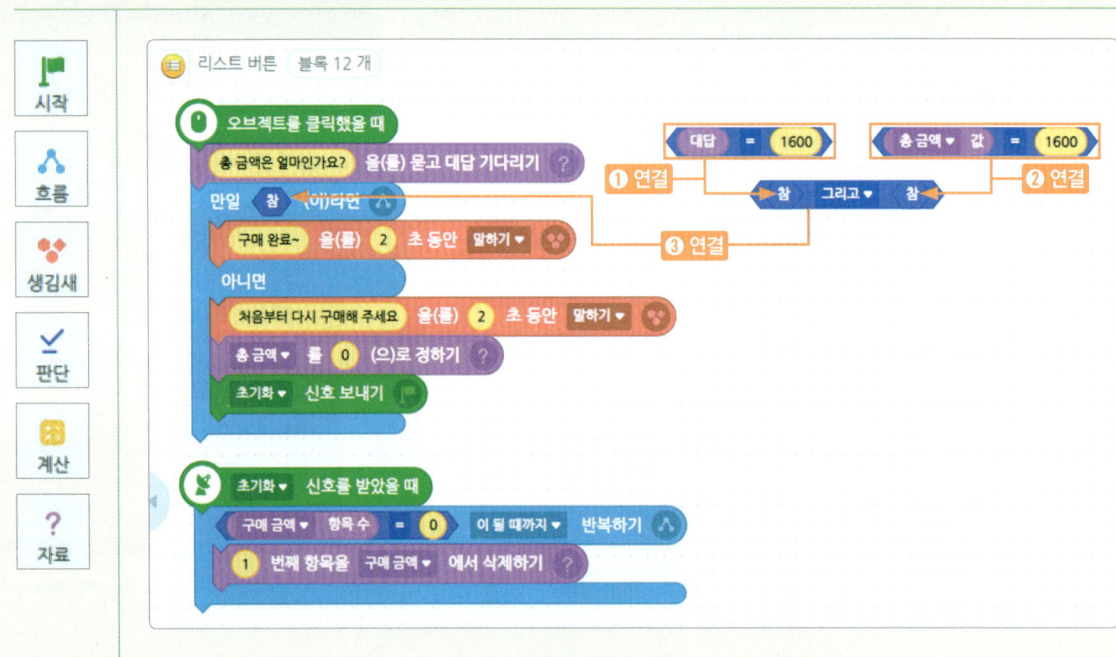

❸  ▶ 시작하기 를 클릭한 다음 과일을 구매해 봅니다.

▲ 과일 오브젝트에 마우스포인터가 닿을 때

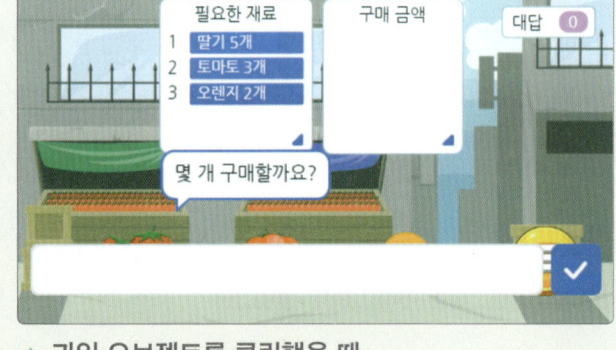

▲ 과일 오브젝트를 클릭했을 때

▲ 오답 입력

▲ 게임 종료

 미션 수행하기

■ 불러올 파일 : 9장_미션 수행.ent ■ 완성된 파일 : 9장_미션 수행(완성).ent

01 디버깅

■ '리스트 버튼' 오브젝트를 클릭하고 정답을 잘못 대답했을 때 '초기화' 신호를 사용하지 않고 처음부터 다시 실행되도록 블록 코드를 수정해 봅니다.

```
리스트 버튼   블록 12 개

오브젝트를 클릭했을 때
총 금액은 얼마인가요? 을(를) 묻고 대답 기다리기 ?
만일  대답  =  1600  그리고▼  총 금액▼ 값  =  1600  (이)라면
  구매 완료~ 을(를) 2 초 동안 말하기▼
아니면
  처음부터 다시 구매해 주세요 을(를) 2 초 동안 말하기▼
  총 금액▼ 를 0 (으)로 정하기 ?
```

02 업그레이드

■ '리스트 버튼'에 설정된 블록 코드 중에서 오답을 입력했을 때 조건1) ~ 조건2)에 맞추어 블록 코드를 수정해 봅니다.

조건 1	만일 '대답'이 1,600과 일치하지 않으면 '금액을 다시 계산하세요'라고 2초 동안 말하며 처음부터 다시 실행
조건 2	만일 '총 금액 값'이 1,600과 일치하지 않으면 '재료의 개수를 다시 확인하세요'라고 2초 동안 말하고 처음부터 다시 실행

```
리스트 버튼   블록 19 개

오브젝트를 클릭했을 때
총 금액은 얼마인가요? 을(를) 묻고 대답 기다리기 ?
만일  대답  =  1600  그리고▼  총 금액▼ 값  =  1600  (이)라면
  구매 완료~ 을(를) 2 초 동안 말하기▼
아니면
  만일  대답  1600  (이)라면
    을(를) 2 초 동안 말하기▼
  처음부터 다시 실행하기
  만일  총 금액▼ 값  1600  (이)라면
    을(를) 2 초 동안 말하기▼
  처음부터 다시 실행하기
```

탕후루 재료 구매하기 - 2

■ 불러올 파일 : 탕후루 재료 구매하기-2.ent   ■ 완성된 파일 : 탕후루 재료 구매하기-2(완성).ent

이런걸 배워요!

- 장면을 추가하고 장면 전환하는 방법을 알아봅니다.
- 어떤 게임인지 한 눈에 알아볼 수 있도록 글상자 오브젝트를 추가하는 방법을 알아봅니다.
- 텍스트와 변수의 값을 함께 나타낼 수 있는 장면을 만드는 방법을 알아봅니다.

▼ 완성 영상 미리보기

이번 시간 등장요소

첫 화면 배경

게임 배경과 다른 배경 선택한다.
'부엌(3)' 오브젝트 적용

게임 제목

'요리사(3)'가 탕후루 만들 때 필요한 재료를 말한다.

첫 화면 스토리

'요리사(3)'가 탕후루를 만들 재료를 알려주며 '필요한 재료' 리스트를 보여진다.

게임 장면으로 넘어가기

과일 오브젝트가 마우스 포인터와 닿았을 때 과일의 가격을 알 수 있다. 과일을 클릭하면 몇 개 구매할지 대답할 수 있다.

종료 장면 배경

첫 화면 배경, 게임 배경과 다른 배경을 선택한다.
'방(2)' 배경 적용

게임 점수

딸기 5개, 토마토 3개, 오렌지 2개를 구매하고 '리스트 버튼'을 클릭했을 때 '총 금액' 변수의 값과 대답한 가격 모두 '1,600'인지 판단한다.

종료 장면 스토리

'소녀(4)'가 심부름을 다녀와서 총 금액을 말하고, '요리사(3)'는 '필요한 재료' 리스트 항목을 확인하며 게임이 종료된다.

첫 화면으로 넘어가기

종료 화면에서 '방(3)' 배경을 클릭하면 게임이 처음부터 재시작된다.

01 ▶ [첫 화면] 장면 만들기

❶ 엔트리에서 [불러오기(▤▾)]–[오프라인 작품 불러오기]를 클릭합니다. 이어서, [불러올 파일]–[CHAPTER 10]에서 '탕후루 재료 구매하기-2.ent' 파일을 불러옵니다.

❷ [첫 화면] 장면에서 <오브젝트 추가하기> 단추를 클릭한 다음 [오브젝트 추가하기] 대화상자에서 '요리사 (3)', '이동 버튼'을 검색하고 <추가하기> 단추를 클릭합니다. 이어서, 오브젝트의 위치와 크기를 다음과 같이 변경합니다.

오브젝트	X좌표	Y좌표	크기
요리사(3)	-150	-30	180
이동 버튼	185	-90	60

02 ▶ [첫 화면] 장면 블록 코딩하기

❶ '요리사' 오브젝트를 클릭하고 '필요한 재료' 리스트와 '대답'은 처음에는 숨겼다가 말하기를 한 이후에 보이도록 설정합니다.

🏁 시작
💠 생김새
❓ 자료

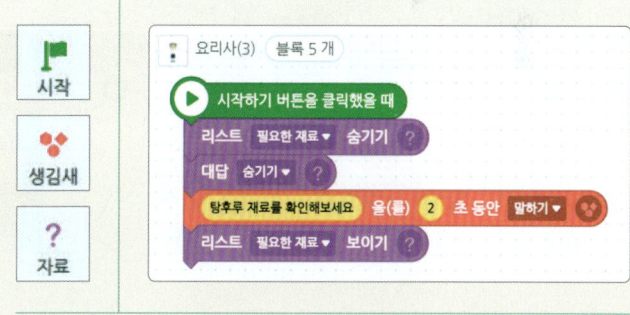

❷ '이동 버튼' 오브젝트가 마우스 포인터에 닿으면 '구매하러 가기'라고 말하고 '이동 버튼' 오브젝트를 클릭했을 때는 [게임] 장면이 시작되도록 블록 코드를 만들어 봅니다.

🏁 시작
⋀ 흐름
💠 생김새
✓ 판단

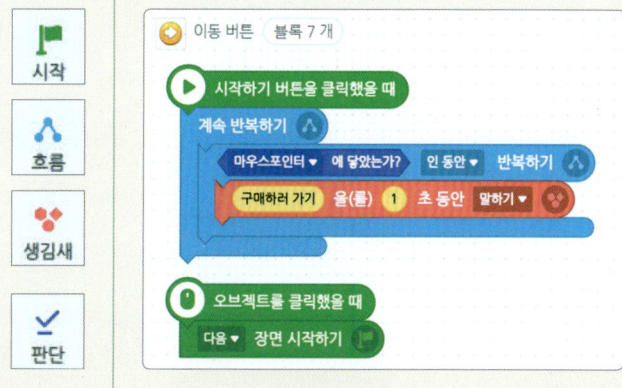

❶ [첫 화면] 장면에서 '이동 버튼' 오브젝트를 클릭했을 때 '다음' 장면으로 넘어가서 게임이 시작되기 때문에 [게임] 장면에서 '딸기', '토마토', '오렌지' 오브젝트를 클릭하고 블록 코드를 다음과 같이 수정합니다.

❷ '리스트 버튼'을 클릭하고 정답을 맞혔을 때 '다음' 장면이 시작되도록 블록 코드를 추가합니다.

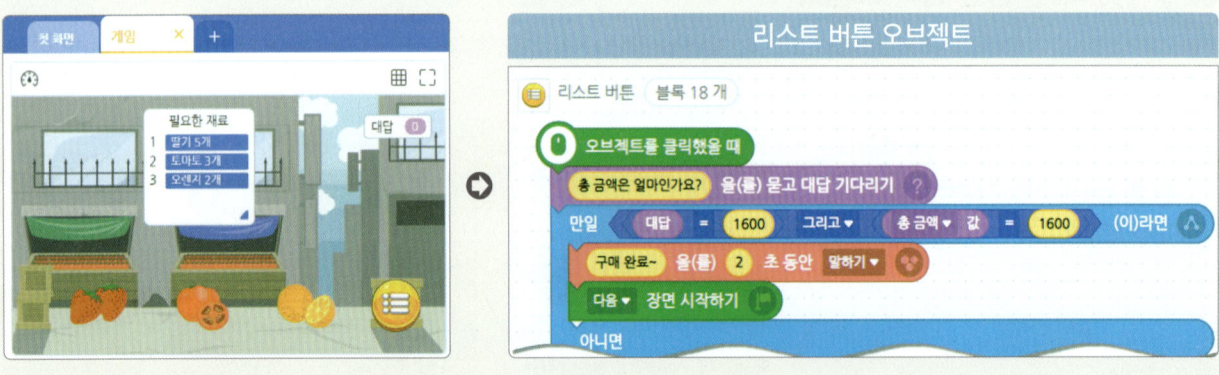

04 [종료] 장면 만들기

❶ [종료] 장면을 추가하고 '방(2)', '요리사(3)', '소녀(4)' 오브젝트를 추가합니다. 이어서, 오브젝트의 위치와 크기를 다음과 같이 변경합니다.

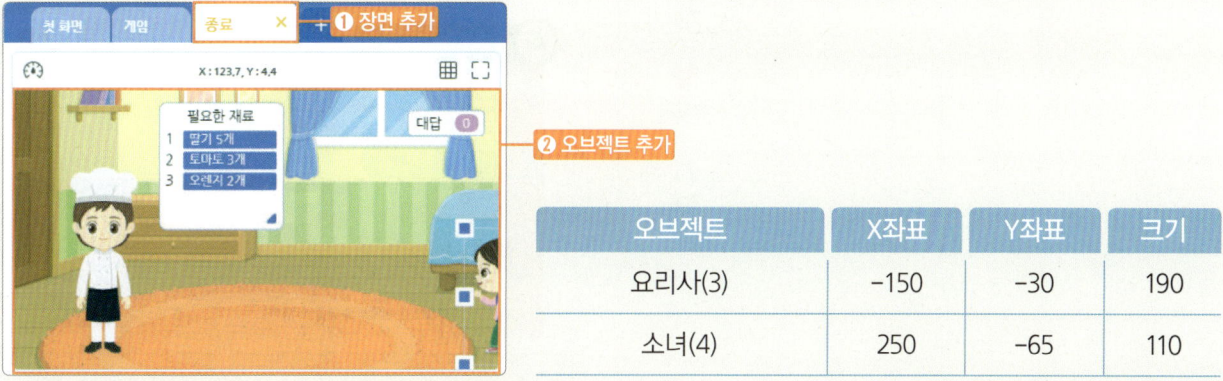

오브젝트	X좌표	Y좌표	크기
요리사(3)	-150	-30	190
소녀(4)	250	-65	110

05 [종료] 장면에 블록 코딩하기

❶ [종료] 장면이 시작되었을 때 '소녀(4)'가 '다녀왔습니다~'라고 말한 뒤 '요리사(3)' 쪽으로 가까이 가면서 재료의 '총 금액(변수)'의 값을 말하도록 블록 코드를 만들어 봅니다.

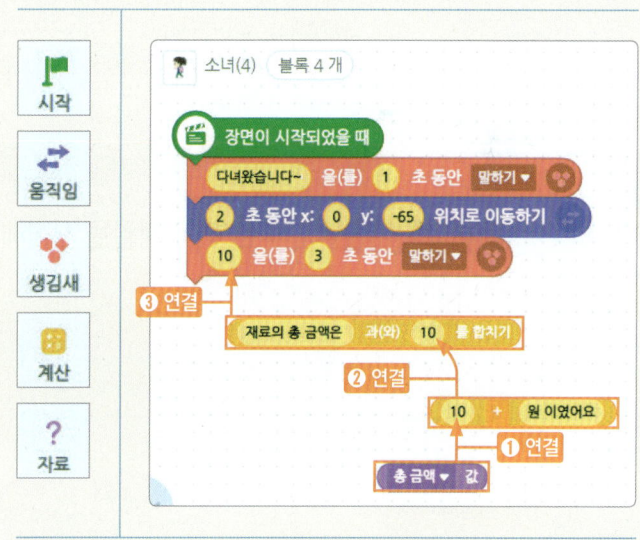

🖐 여기서 잠깐!

10 + 10 블록은 2가지 동작을 할 수 있어요.
– 입력한 두 내용이 숫자일 때 : 두 숫자의 값을 더합니다.
– 입력한 두 내용이 문자일 때 : 두 문자를 합칩니다. (안녕! 과(와) 엔트리 을(를) 합친 값 블록과 똑같이 동작해요!)

❷ '요리사(3)' 오브젝트는 장면이 시작되었을 때 '필요한 재료'의 리스트를 숨기면서 '요리사(3)_2' 모양으로 변경합니다. 이후, '필요한 재료' 리스트의 항목 내용을 말하며 게임이 종료되도록 블록 코드를 만들어 봅니다.

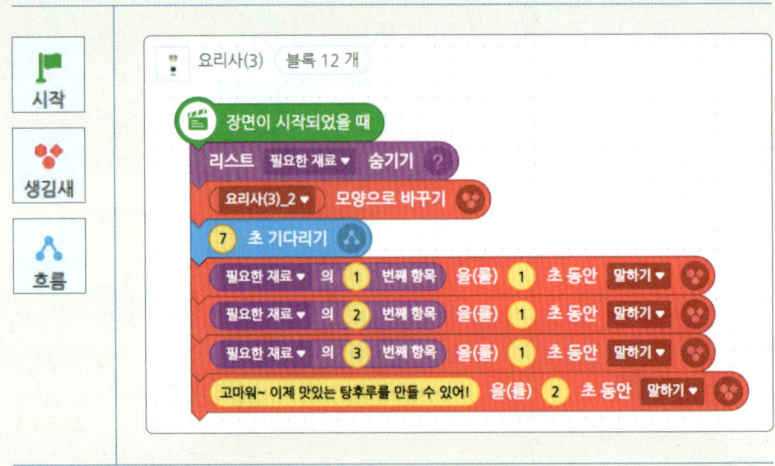

❸ '방(2)' 오브젝트를 클릭했을 때 [첫 화면] 장면으로 돌아가서 처음부터 다시 실행하도록 블록 코드를 만들어 봅니다.

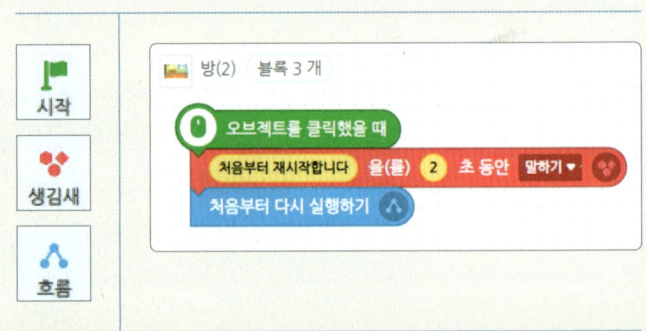

❹ [▶ 시작하기] 를 클릭한 다음 게임을 시작해 봅니다.

CHAPTER 10

문제해결능력 미션 수행하기

■ **불러올 파일** : 10장_미션 수행.ent   ■ **완성된 파일** : 10장_미션 수행(완성).ent

01 디버깅

■ [첫 화면] 장면에서 '이동 버튼'을 클릭했을 때 '필요한 재료' 리스트를 숨기도록 코드를 수정해 봅니다.

02 업그레이드

■ [종료] 장면에서 '도착' 신호를 새로 만들어서 '소녀(4)' 오브젝트에 추가하고, '요리사(3)' 오브젝트에서 '도착' 신호를 받았을 때 '요리사(3)_2' 모양으로 바꾸면서 '소녀(4)' 쪽을 바라보도록 코드를 수정해 봅니다.

CHAPTER **11**

AI 자동차로 배달하기 - 1

📘 불러올 파일 : AI 자동차로 배달하기-1.ent   📗 완성된 파일 : AI 자동차로 배달하기-1(완성).ent

이런걸 배워요!

- 오브젝트와 리스트, 변수, 신호를 추가하는 방법을 알아봅니다.
- 랜덤으로 설정된 시간이 지난 후 리스트 목록에 항목을 추가하는 방법을 알아봅니다.
- 랜덤하게 생성된 리스트 목록을 보고 랜덤한 순서에 맞추어 오브젝트의 위치를 이동하는 방법을 알아봅니다.

▼ 완성 영상 미리보기

이번 시간 등장요소

게임 요소 1 : AI 택배 자동차

AI 택배 자동차는 빵집에서 주문을 받으면 '주문 목록' 리스트에 랜덤으로 저장된 순서로 배달을 해야한다.

게임 요소 2 : 빵 집

AI 택배 자동차가 출발해서 빵집 앞에 도착하면 오늘의 배달 순서를 입력할 수 있다.

배경

AI 택배 자동차가 배달해야 할 곳은 옷 가게, 약국, 학교 총 3곳이다. 배달 장소는 5초부터 10초 사이에 랜덤으로 기다렸다가 주문이요~라고 말하면 '주문 목록'에 장소가 추가된다.

게임 종료 조건

AI 택배 자동차가 배달 장소 3군데 모두 순서대로 배달을 마치고 '끝'이라고 입력하면 다시 빵집으로 돌아와 배달 완료~라고 말하고 게임이 종료된다.

문제 해결마법사

출발 지점에서 화살표 순서로 이동하면 나오는 지역의 번호를 적어봅니다.

① SEOUL ② JEJU ③ BUSAN ④ PYEONGCHANG

066 엔트리로 배우는 게임 만들기

01 오브젝트 불러오기와 편집

❶ 엔트리에서 [불러오기(▤▾)]–[오프라인 작품 불러오기]를 클릭합니다. 이어서, [불러올 파일]–[CHAPTER 11]에서 'AI 자동차로 배달하기–1.ent' 파일을 불러옵니다.

❷ <오브젝트 추가하기> 단추를 클릭한 다음 'AI 택배 자동차', '빵 집', '옷 가게', '약국', '학교'를 검색하고 <추가하기> 단추를 클릭합니다.

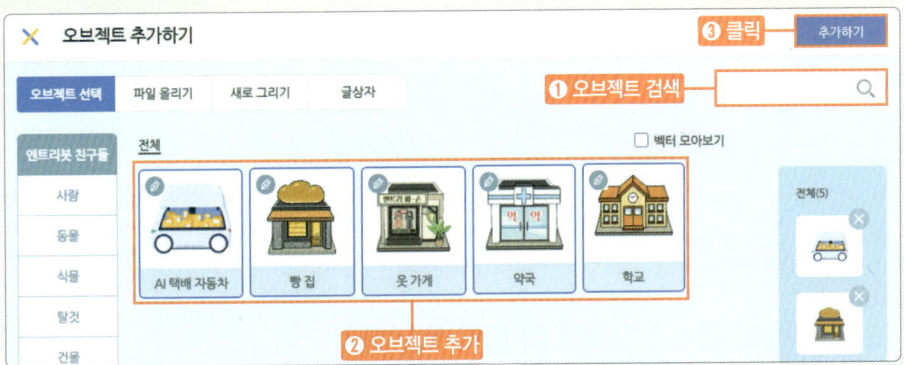

❸ 오브젝트의 위치와 크기를 다음과 같이 변경합니다.

오브젝트	X좌표	Y좌표	크기
AI 택배 자동차	–180	–6	70
빵 집	–25	80	100
옷 가게	–180	–80	100
약국	170	–75	100
학교	170	75	100

02 리스트 추가하기

❶ '옷 가게'와, '약국', '학교'에서 랜덤으로 주문을 합니다. 이어서, 주문 목록을 순서대로 저장하기 위해 [속성] 탭에서 리스트를 클릭하고 <리스트 추가하기>를 클릭합니다.

❷ 리스트의 이름은 '주문 목록', 리스트 항목 수는 '0'으로 설정하고 감추기(◉) 합니다.

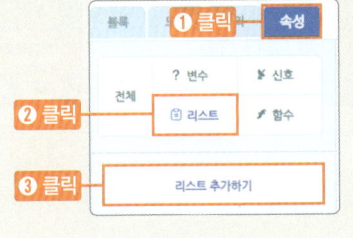 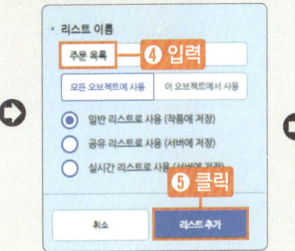 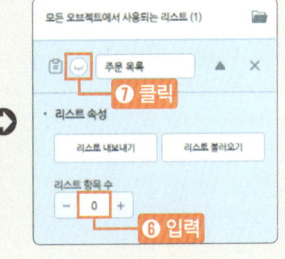

03 '빵 집' 오브젝트에 블록 코딩하기

❶ '빵 집' 오브젝트를 클릭하고 다음과 같이 블록 코드를 만들어 봅니다. 이어서, 시작하기 버튼을 클릭하면 '빵 집' 오브젝트에서 게임에 대한 설명을 말하도록 설정합니다.

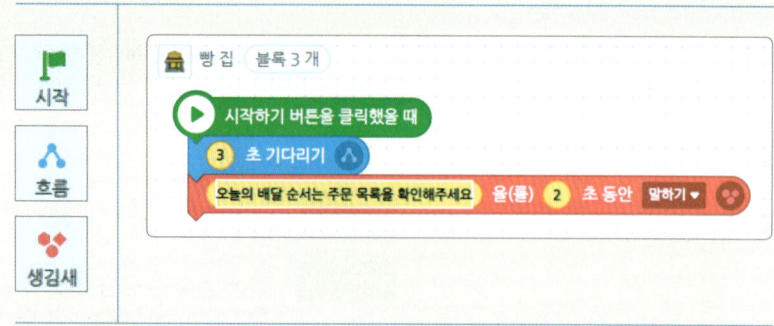

04 배달할 장소 오브젝트에 블록 코딩하기

❶ '옷 가게' 오브젝트는 '5'부터 '10' 사이의 무작위 수 초 기다린 후에 주문합니다. 이어서, 주문한 내역은 '주문 목록' 리스트에 추가합니다.

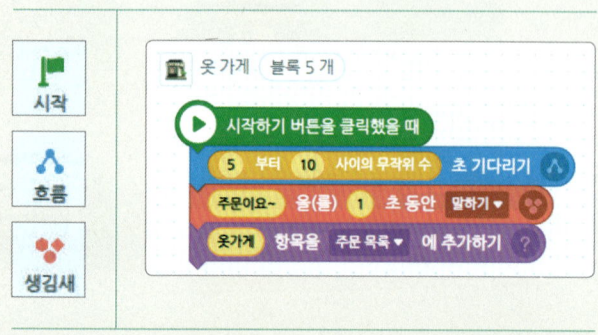

❷ '옷 가게'에 설정한 블록 코드 전체를 [코드 복사]하여 '약국'과 '학교' 오브젝트에 [붙여넣기] 합니다.

❸ '주문 목록'에 포함할 항목을 다음과 같이 수정합니다.

약국 오브젝트	학교 오브젝트
🏛 약국 블록 5 개	🏠 학교 블록 5 개
▶ 시작하기 버튼을 클릭했을 때	▶ 시작하기 버튼을 클릭했을 때
5 부터 10 사이의 무작위 수 초 기다리기	5 부터 10 사이의 무작위 수 초 기다리기
주문이요~ 을(를) 1 초 동안 말하기 ▾	주문이요~ 을(를) 1 초 동안 말하기 ▾
❶ 수정 — 약국 항목을 주문 목록 ▾ 에 추가하기	학교 항목을 주문 목록 ▾ 에 추가하기 — ❷ 수정

'AI 택배 자동차' 오브젝트에 블록 코딩하기

❶ 'AI 택배 자동차' 오브젝트를 클릭하고 다음과 같이 블록 코드를 만들어 봅니다. 이어서, 게임이 시작되면 '주문 목록' 리스트가 보이면서 '빵 집' 앞으로 이동한 후 배달 위치를 묻고 대답을 기다립니다.

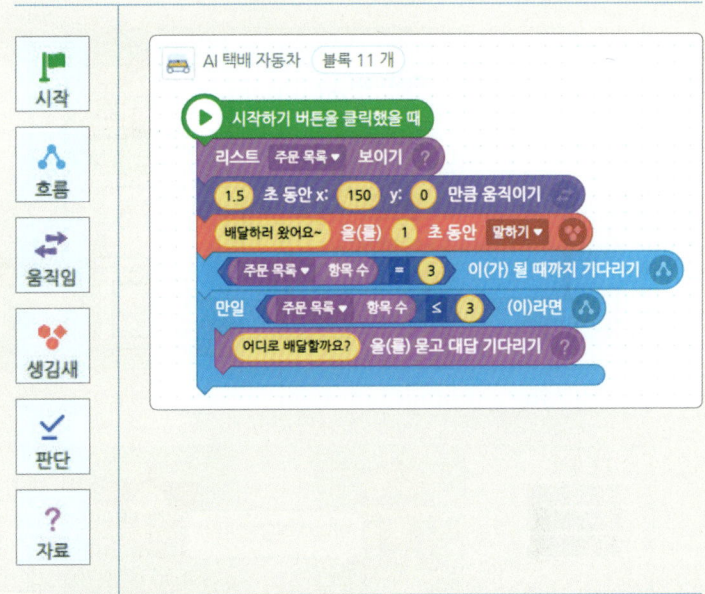

❷ 'AI 택배 자동차' 오브젝트에 다음과 같이 대답에 따라 '학교', '약국', '옷 가게' 오브젝트 위치로 이동할 수 있도록 블록 코드를 추가 연결합니다. 이어서, 만일 대답이 '끝'이라면 다시 '빵 집' 위치로 이동하고 게임이 종료되도록 설정합니다.

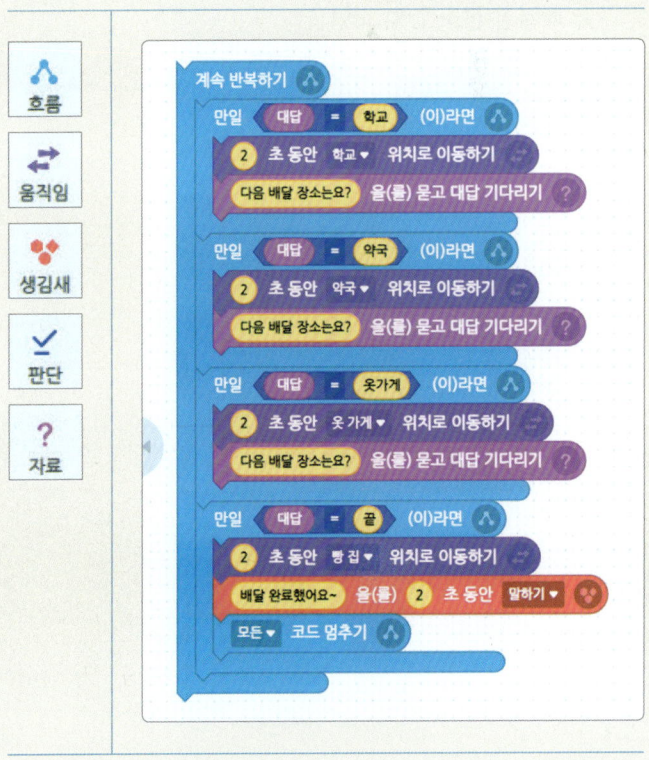

❸ [▶ 시작하기] 를 클릭한 다음 'AI 택배 자동차'가 '빵 집'으로 이동한 다음 '옷 가게', '학교', '약국' 오브젝트에서 무작위 순서로 주문하고 '주문 목록' 리스트에 저장되는지 확인합니다.

❹ 주문 목록 순서대로 배달하고 배달이 완료되면 '끝'이라고 입력합니다. 이어서, '빵 집' 오브젝트로 돌아 가서 게임이 종료되는지 확인해 봅니다.

▲ 게임 시작

▲ 주문 순서대로 리스트 항목 추가

▲ 배달할 장소 입력 화면

▲ 게임 종료

CHAPTER 11
문제해결능력 미션 수행하기

■ 불러올 파일 : 11장_미션 수행.ent ■ 완성된 파일 : 11장_미션 수행(완성).ent

01 디버깅

■ 'AI 택배 자동차' 오브젝트에 설정되어 있는 '리스트 주문 목록 보이기' 블록을 '빵 집' 오브젝트에서 '오늘의 배달 순서는~' 멘트 종료 후에 리스트 목록이 보일 수 있도록 코드를 수정해 봅니다.

```
🚗 AI 택배 자동차   블록 23 개

▶ 시작하기 버튼을 클릭했을 때
   1.5 초 동안 x: 150 y: 0 만큼 움직이기
   배달하러 왔어요~ 을(를) 1 초 동안 말하기
   < 주문 목록▼ 항목 수 = 3 > 이(가) 될 때까지 기다리기
   만일 < 주문 목록▼ 항목 수 ≤ 3 > (이)라면
      어디로 배달할까요? 을(를) 1 초 동안 말하기
```

➡

```
🏠 빵 집   블록 4 개

▶ 시작하기 버튼을 클릭했을 때
   3 초 기다리기
   오늘의 배달 순서는 주문 목록을 확인해주세요 을(를) 2 초 동안 말하기
```

02 업그레이드

■ 'AI 택배 자동차' 오브젝트에서 키보드의 'a'~'d'까지 눌렀을 때 각각 '글상자'에 적힌 장소로 이동하도록 블록 코드를 수정해 봅니다.

※ **글상자 내용** : 배달할 장소의 알파벳을 눌러주세요.(a:학교, b:약국, c: 옷 가게, d:배달 완료)

```
🚗 AI 택배 자동차   블록 23 개

▶ 시작하기 버튼을 클릭했을 때
   1.5 초 동안 x: 150 y: 0 만큼 움직이기
   배달하러 왔어요~ 을(를) 1 초 동안 말하기▼
   < 주문 목록▼ 항목 수 = 3 > 이(가) 될 때까지 기다리기
   만일 < 주문 목록▼ 항목 수 ≤ 3 > (이)라면
      어디로 배달할까요? 을(를) 1 초 동안 말하기▼


⌨ a▼ 키를 눌렀을 때
   2 초 동안 학교▼ 위치로 이동하기
   다음 배달 장소는요? 을(를) 1 초 동안 말하기▼

⌨ b▼ 키를 눌렀을 때
   2 초 동안 약국▼ 위치로 이동하기
   다음 배달 장소는요? 을(를) 1 초 동안 말하기▼

⌨ c▼ 키를 눌렀을 때
   2 초 동안 옷 가게▼ 위치로 이동하기
   다음 배달 장소는요? 을(를) 1 초 동안 말하기▼

⌨ d▼ 키를 눌렀을 때
   2 초 동안 빵 집▼ 위치로 이동하기
   배달 완료했어요~ 을(를) 2 초 동안 말하기▼
   모든▼ 코드 멈추기
```

CHAPTER 12

AI 자동차로 배달하기-2

■ 불러올 파일 : AI 자동차로 배달하기-2.ent   ■ 완성된 파일 : AI 자동차로 배달하기-2(완성).ent

이런걸 배워요!

- 장면을 추가하고 장면 전환하는 방법을 알아봅니다.
- 어떤 게임인지 한 눈에 알아볼 수 있도록 글상자 오브젝트를 추가하는 방법을 알아봅니다.
- 리스트에 저장된 항목의 값을 순서대로 말하는 장면을 만드는 방법을 알아봅니다.

▼ 완성 영상 미리보기

이번 시간 등장요소

첫 화면 배경

게임 배경과 다른 배경 선택한다.
'미래 도시' 오브젝트 적용

게임 제목

'AI 택배 자동차'가 빵 집에 도착하면 '옷 가게', '약국', '학교'에서 무작위 순서로 주문하고 '주문 목록' 리스트에 순서대로 저장된다.

첫 화면 스토리

'AI 자동차로 배달하기' 글상자의 크기가 변경되면서 게임 제목을 강조하고 'AI 택배 자동차' 오브젝트를 클릭하면 배달이 시작된다.

게임 장면으로 넘어가기

'AI 택배 자동차' 오브젝트가 오른쪽 벽에 닿았을 때 다음 장면으로 전환된다.

종료 장면 배경

첫 화면 배경, 게임 배경과 다른 배경을 선택한다.
'초록 거실' 배경 적용

게임 점수

'주문 목록' 리스트에 총 3개의 장소가 저장된 후 다음 배달할 장소를 물어볼 때 '끝'이라고 입력하면 종료 화면으로 전환된다.

종료 장면 스토리

'주문 목록' 리스트에 총 3개의 장소가 저장된 후 '종료 화면'에서 '쿠키사람' 오브젝트가 리스트에 저장된 순서로 말한다.

첫 화면으로 넘어가기

종료 화면에서 '처음부터' 오브젝트를 클릭하면 처음부터 다시 실행된다.

01 ▶ [첫 화면] 장면 만들기

❶ 엔트리에서 [불러오기(📑▾)]–[오프라인 작품 불러오기]를 클릭합니다. 이어서, [불러올 파일]–[CHAPTER 12]에서 'AI 자동차로 배달하기-2.ent' 파일을 불러옵니다.

❷ [첫 화면] 장면에서 'AI 택배 자동차' 오브젝트를 추가합니다. 이어서, 오브젝트의 위치와 크기를 다음과 같이 변경합니다.

오브젝트	X좌표	Y좌표	크기
AI 택배 자동차	-155	-77	90

❸ 'AI 택배 자동차' 오브젝트는 [모양] 탭에서 [반전]–'좌우 반전(🔁)'을 클릭하고 <저장하기> 단추를 클릭합니다.

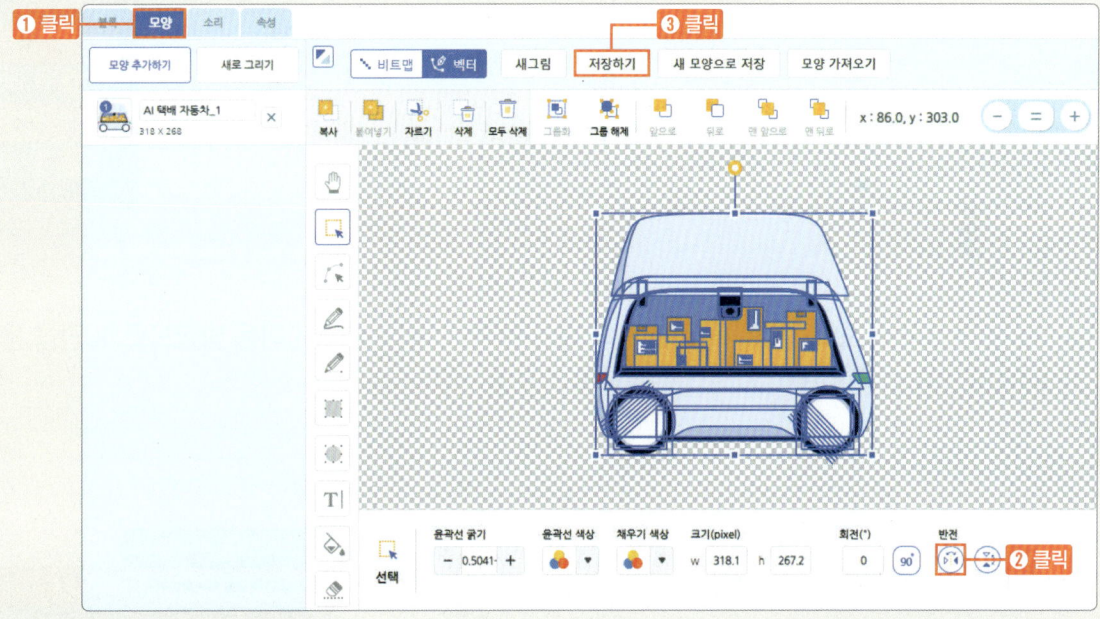

▲ 원본   ▲ 좌우 반전

❹ 게임 제목을 표현할 글상자를 추가하기 위해 <오브젝트 추가하기> 단추를 클릭한 다음 [글상자]를 클릭합니다. 이어서, 내용을 입력하고 글꼴, 속성, 배경 색, 위치와 크기를 다음과 같이 변경합니다.

  ※ 글상자 서식 : 'AI 자동차로 배달하기', 글꼴(산돌 씨네마극장), 색상(파랑), 배경 색(없음)
    위치 및 크기 : x(0), y(75), 크기(170)

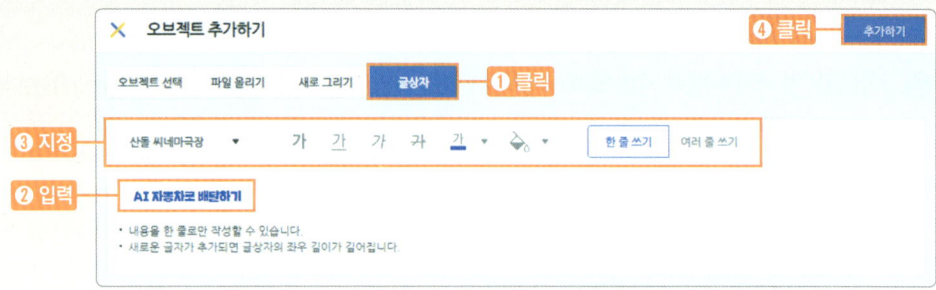

02 ▸ [첫 화면] 장면에 블록 코딩하기

❶ '글상자' 오브젝트가 시작하기 버튼을 클릭했을 때 크기가 커졌다 작았다 계속 반복하도록 블록 코드를 만들어 봅니다.

❷ 'AI 택배 자동차' 오브젝트를 클릭했을 때 오른쪽 벽에 닿을 때까지 이동 방향으로 10만큼 움직이고 오른쪽 벽에 닿으면 다음 장면이 시작되도록 블록 코드를 만들어 봅니다.

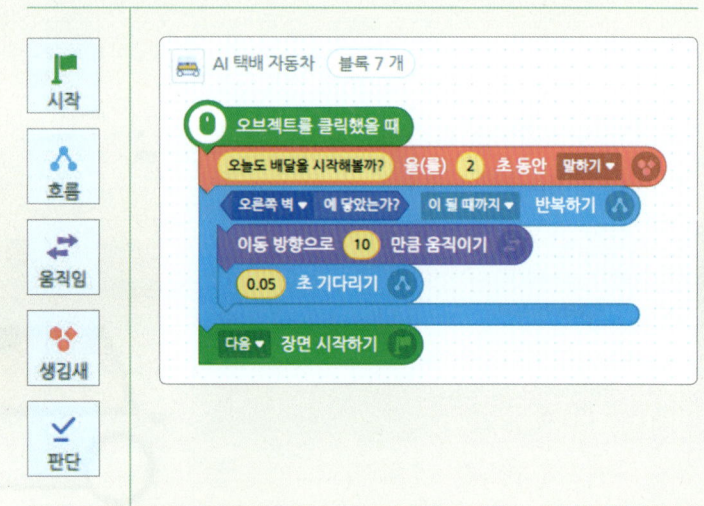

03 ▶ [게임] 장면의 블록 코드 수정하기

❶ [첫 화면] 장면에서 'AI 택배 자동차' 오브젝트가 오른쪽 벽에 닿으면 '다음' 장면으로 넘어가서 게임이 시작되기 때문에 [게임] 장면에서 'AI 택배 자동차', '빵집', '학교', '옷 가게', '약국' 오브젝트를 클릭하고 '시작하기 버튼을 클릭했을 때' 블록을 '장면이 시작되었을 때' 블록으로 변경합니다.

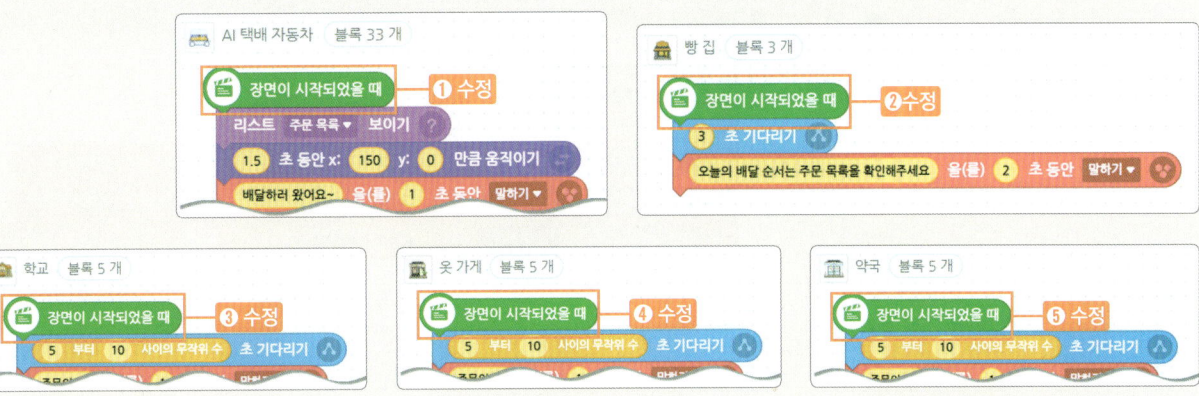

❷ 'AI 택배 자동차'를 클릭하고, 만일 '대답'이 '끝'이라면 '다음' 장면이 시작되도록 블록 코드를 수정해 봅니다.

04 ▶ [종료] 장면 만들기

❶ [종료] 장면을 추가하고 '초록 거실', '쿠키사람', '처음부터 버튼' 오브젝트를 추가합니다. 이어서, 오브젝트의 위치와 크기를 다음과 같이 변경합니다.

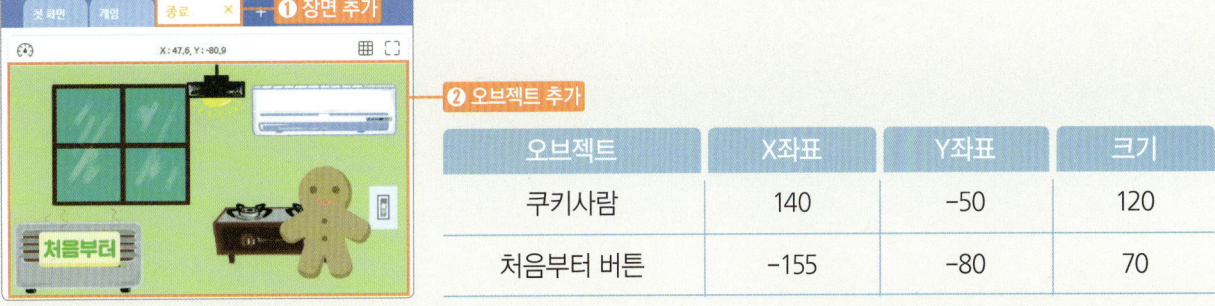

오브젝트	X좌표	Y좌표	크기
쿠키사람	140	−50	120
처음부터 버튼	−155	−80	70

❶ [종료] 장면이 시작되었을 때 '쿠키사람'이 '주문 목록' 리스트에 저장된 항목 순서대로 말하도록 블록 코드를 만들어 봅니다.

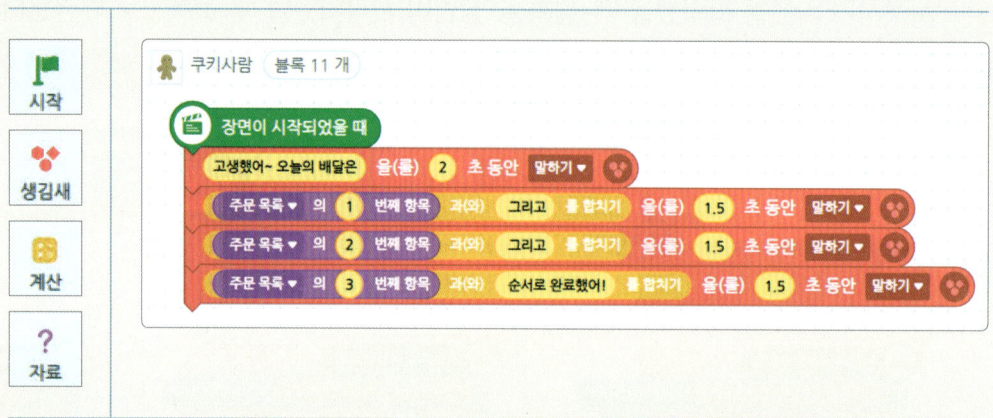

❷ '처음부터 버튼' 오브젝트는 장면이 시작되었을 때 '마우스 포인터'에 닿았을 때 '처음부터 다시 할까요?' 라고 말하며 오브젝트를 클릭했을 때 게임이 처음부터 다시 실행되도록 블록 코드를 만들어 봅니다.

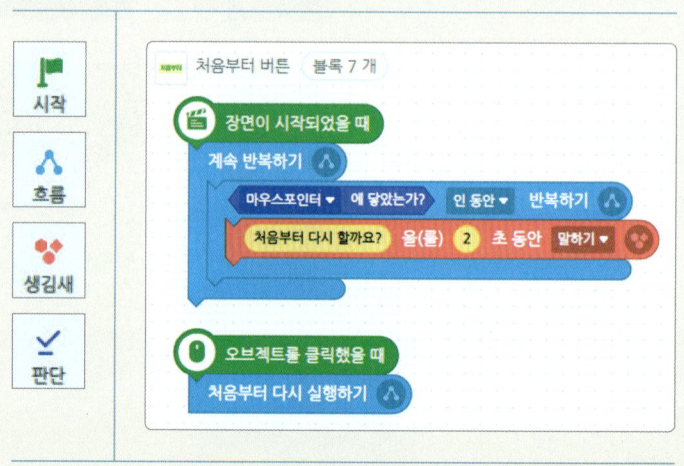

❸ ▶ 시작하기 를 클릭한 다음 게임을 시작해 봅니다.

■ 불러올 파일 : 12장_미션 수행.ent   ■ 완성된 파일 : 12장_미션 수행(완성).ent

01 디버깅

■ [첫 화면] 장면에서 '글상자'를 클릭했을 때 크기 변경을 3번만 반복한 후, 'AI 자동차를 클릭해 주세요'라고 말하도록 코드를 수정해 봅니다.

02 업그레이드

■ [종료] 장면에서 '쿠키사람'을 클릭하고 '주문 목록' 리스트의 항목 수량과 '군데였어 배달 순서는' 라는 문구가 함께 말할 수 있도록 코드를 수정해 봅니다.

CHAPTER 13

엔트리의 모험 - 1

■ 불러올 파일 : 엔트리의 모험-1.ent   ■ 완성된 파일 : 엔트리의 모험-1(완성).ent

이런걸 배워요!
- 오브젝트와 신호를 추가하고 사용 방법을 알아봅니다.
- 반복문을 사용하여 오브젝트의 움직이는 모습을 만드는 방법을 알아봅니다.

▼ 완성 영상 미리보기

이번 시간 등장요소

게임 요소1 : 엔트리봇

좌우로 움직이며 1층과 2층으로 구성된 맵을 위, 아래로 움직인다. 그리고 광선검을 이용해서 공격을 한다.

게임 요소2 : 드래곤, 공룡

엔트리봇이 지나가지 못하도록 방해하고 공격한다.

맵 구조

1층과 2층으로 구성되어 막대로 나타냈다. 엔트리봇은 1층과 2층으로 자유롭게 이동이 가능하다.

게임 종료 조건

엔트리봇이 방해물을 만나면 게임이 종료된다.

게임 액션 : 광선검

방해물을 물리치는 조건은 광선검을 잘 다루는 능력입니다.

게임 요소3 : 광선검

광선검은 엔트리봇을 따라다니고 특정키를 누르면 공격한다.

문제 해결마법사 아래 두 개의 이미지를 비교하여 틀린 부분을 표시해 봅니다.

01 ▶ 오브젝트 불러오기와 편집

❶ 엔트리에서 [불러오기(📄▾)]–[오프라인 작품 불러오기]를 클릭합니다. 이어서, [불러올 파일]–[CHAPTER 13]에서 '엔트리의 모험–1.ent' 파일을 불러옵니다.

❷ <오브젝트 추가하기> 단추를 클릭한 다음 [오브젝트 추가하기] 대화상자에서 '광선검', '엔드래곤', '공룡', '불(2)'를 검색하고 <추가하기> 단추를 클릭합니다.

❸ '불(2)', '공룡', '엔드래곤', '광선검' 오브젝트에 위치와 크기를 다음과 같이 변경합니다.

오브젝트	X좌표	Y좌표	크기
불(2)	0	-90	50
공룡	65	72	85
엔드래곤	172	-70	100
광선검	0	0	40

02 ▶ 신호 추가하기

❶ [속성] 탭에서 신호를 클릭하고 <신호 추가하기>를 클릭하여 '불마법' 신호를 추가합니다.

❶ '엔트리봇' 오브젝트가 왼쪽, 오른쪽으로 이동
하면서 모양이 바뀌고 위층과 아래층으로
이동하는 블록 코드를 만들어 봅니다.

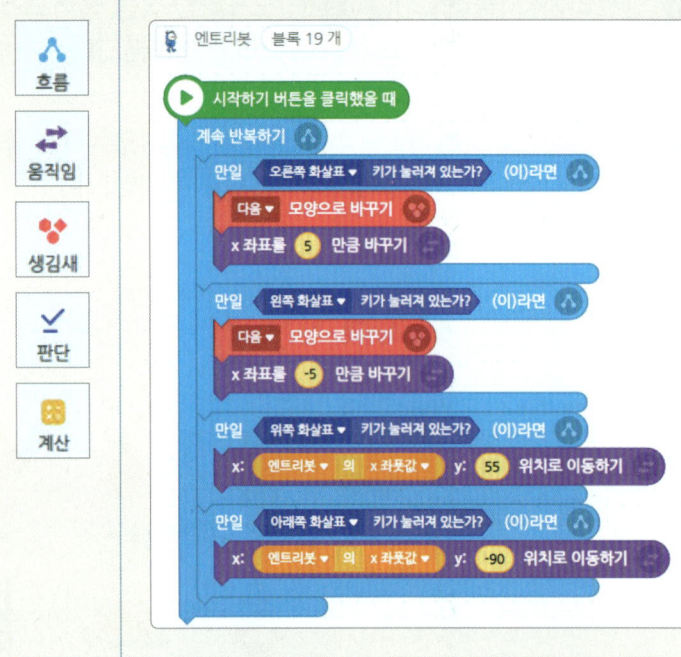

❷ '광선검' 오브젝트는 엔트리봇 위치로 이동하면서 '스페
이스' 키를 누르면 방향이 바뀌도록 블록 코드를 만들
어 봅니다.

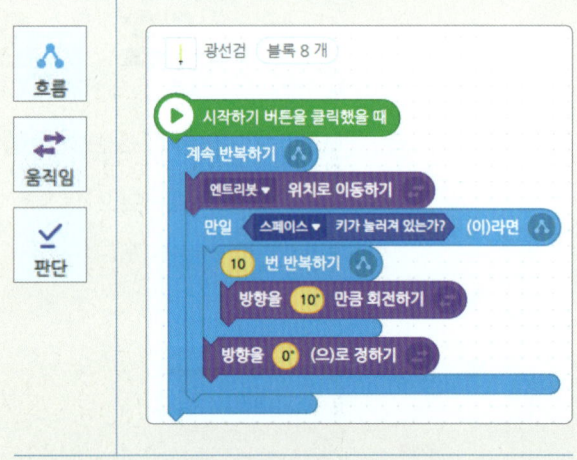

❸ 광선검을 휘두르는 느낌을 만들기 위해서 '광선검' 오브젝트의 중심점을 아래쪽으로 변경합니다.

❹ '엔드래곤' 오브젝트와 '공룡' 오브젝트의 블록 코드를 만들어 봅니다.

※ '엔드래곤' 오브젝트의 블록 코드를 완성한 다음 '공룡' 오브젝트는 [코드 복사]를 이용합니다.

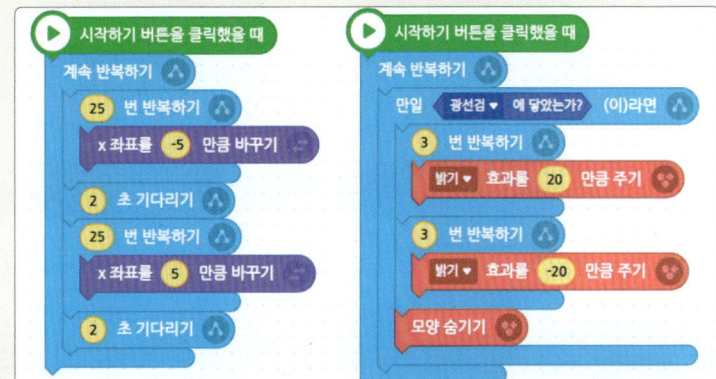

TIP
광선검에 닿으면 밝기 효과를 이용하여 오브젝트가 번쩍이는 효과를 보여줍니다.

❺ '불(2)' 오브젝트는 게임이 시작되면 불의 모양이 숨겨지고 신호를 받으면 불이 연속으로 나오는 블록 코드를 만들어 봅니다.

```
🔥 불(2)  블록 11 개

▶ 시작하기 버튼을 클릭했을 때
   모양 숨기기

🎯 불마법 ▼ 신호를 받았을 때
   x: 0  y: -90  위치로 이동하기
   10 번 반복하기
      x 좌표를 -20 만큼 바꾸기
      자신 ▼ 의 복제본 만들기

👤 복제본이 처음 생성되었을때
   모양 보이기
   1 초 기다리기
   이 복제본 삭제하기
```

❻ '엔트리봇' 오브젝트에 엔드래곤, 공룡, 불(2)에 닿으면 멈추는 블록 코드를 만들어 봅니다.

```
🤖 엔트리봇  블록 32 개

▶ 시작하기 버튼을 클릭했을 때
   계속 반복하기
      만일  엔드래곤 ▼ 에 닿았는가? 또는 ▼ 공룡 ▼ 에 닿았는가? 또는 ▼ 불(2) ▼ 에 닿았는가?  (이)라면
         으악! 을(를) 1 초 동안 말하기 ▼
         3 번 반복하기
            밝기 ▼ 효과를 20 만큼 주기
         3 번 반복하기
            밝기 ▼ 효과를 -20 만큼 주기
         모든 ▼ 코드 멈추기
```

TIP
● 조건 블록 코드 만들기
'엔드래곤' 또는 '공룡' 블록 조건을 만든 다음 조건 블록에 '불(2)'와 연결합니다.

```
엔드래곤 ▼ 에 닿았는가? 또는 ▼ 공룡 ▼ 에 닿았는가?        불(2) ▼ 에 닿았는가?
                          참  또는 ▼  참
                  ❶ 연결              ❷ 연결
```

❼ '엔드래곤' 오브젝트에 일정 시간마다 신호를 보내는 블록 코드를 만들어 봅니다.

❽ [▶ 시작하기] 단추를 클릭하여 동작이 되는지 확인합니다.

❾ 완성된 파일을 [저장하기(■▼)]-[저장하기]를 클릭합니다. 이어서, [다른 이름으로 저장] 대화상자가 나오면 본인 폴더에 '엔트리의 모험 완성'을 입력한 다음 <저장> 단추를 클릭합니다.

문제해결능력 **미션 수행하기**

■ 불러올 파일 : 13장_미션 수행.ent ■ 완성된 파일 : 13장_미션 수행(완성).ent

01 업그레이드

■ '광선검' 오브젝트를 움직이면 소리가 나오도록 변경해
봅니다. [소리 추가하기]-[판타지]-'전자신호음1'

02 업그레이드 및 디버깅

■ '공룡' 오브젝트와 '엔드래곤' 오브젝트의 움직이는 시간을 무작위 수를 이용하여 변경
가능한지 알아봅니다.

🦖 공룡   블록 19 개

```
시작하기 버튼을 클릭했을 때
계속 반복하기
    25 번 반복하기
        x 좌표를 5 만큼 바꾸기
    0 부터 0 사이의 무작위 수 초 기다리기
    25 번 반복하기
        x 좌표를 -5 만큼 바꾸기
    0 부터 0 사이의 무작위 수 초 기다리기
```

🐉 엔드래곤   블록 25 개

```
시작하기 버튼을 클릭했을 때
계속 반복하기
    25 번 반복하기
        x 좌표를 -5 만큼 바꾸기
    0 부터 0 사이의 무작위 수 초 기다리기
    25 번 반복하기
        x 좌표를 5 만큼 바꾸기
    0 부터 0 사이의 무작위 수 초 기다리기
```

CHAPTER 14

엔트리의 모험 - 2

■ 불러올 파일 : 엔트리의 모험-2.ent   ■ 완성된 파일 : 엔트리의 모험-2(완성).ent

이런걸 배워요!
- 장면을 추가하고, 장면 전환하는 방법을 알아봅니다.
- 변수를 추가하고 변수의 결과(시간, 성공/실패)를 글상자에 표시하는 방법을 알아봅니다.

▼ 완성 영상 미리보기

이번 시간 등장요소

첫 화면
게임의 이름을 보여주며 [시작]을 클릭하면 [게임] 장면으로 이동한다.

게임
[첫 화면]에서 [게임]으로 이동하도록 블록 코드를 수정합니다.

종료 조건
방해 요소를 모두 물리치거나 엔트리가 공격을 당하면 종료가 된다.

종료 장면
게임이 종료되면 [종료] 장면으로 이동하고 게임의 결과를 보여줍니다.

시간
방해 요소를 모두 물리친 시간을 보여준다.

주의 사항
[첫 화면] 장면에서 시작하여 [게임] 장면으로 이동하도록 블록 코드를 확인합니다.

 문제 해결마법사   왼쪽 그림과 같은 그림을 찾아서 표시해 봅니다.

①    ②    ③

④    ⑤    ⑥

01 [첫 화면] 장면 만들기

❶ 엔트리에서 [불러오기(▤ ▾)]-[오프라인 작품 불러오기]를 클릭합니다. 이어서, [열기] 대화상자가 나오면 [불러올 파일]-[CHAPTER 14]-'엔트리의 모험-2.ent'를 선택하고 <열기> 단추를 클릭합니다.

❷ 파일이 열리면 장면 추가하기(+) 클릭한 다음 '첫 화면'을 입력하고 Enter 키를 누릅니다. 이어서, 만들어진 [첫 화면] 장면을 [게임] 장면 왼쪽으로 이동합니다.

❸ [첫 화면] 장면에서 <오브젝트 추가하기> 단추를 클릭한 다음 [오브젝트 추가하기] 대화상자에서 '지옥', '광선검', [묶음] 걷는 모습'을 검색하고 <추가하기> 단추를 클릭합니다.

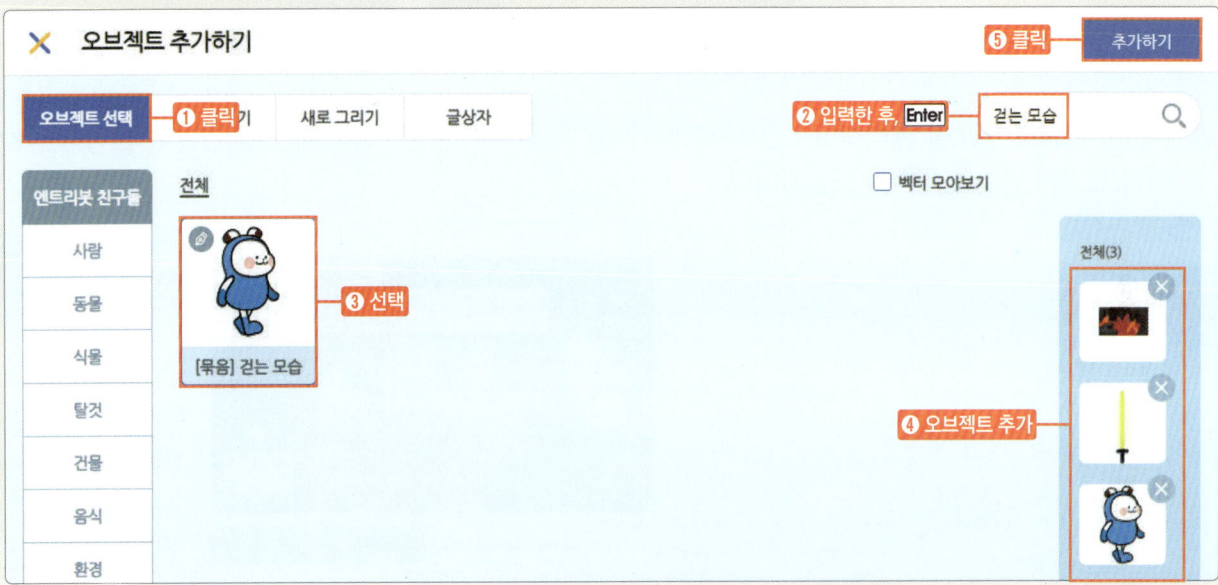

❹ '[묶음] 걷는 모습', '광선검1' 오브젝트의 위치와 크기를 다음과 같이 변경합니다.

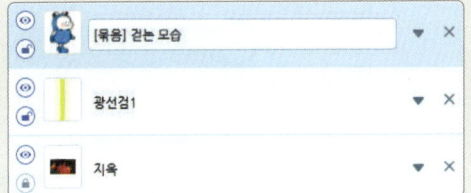

오브젝트	X좌표	Y좌표	크기
[묶음] 걷는 모습	−195	−50	100
광선검	0	0	70

❺ <오브젝트 추가하기>-[글상자]를 클릭하고 내용을 입력한 다음 서식을 적용한 후, <추가하기> 단추를 클릭합니다.

　※ 글상자 서식 : '엔트리의 모험', 글꼴(본고딕), 굵게, 글꼴 색상(자주)

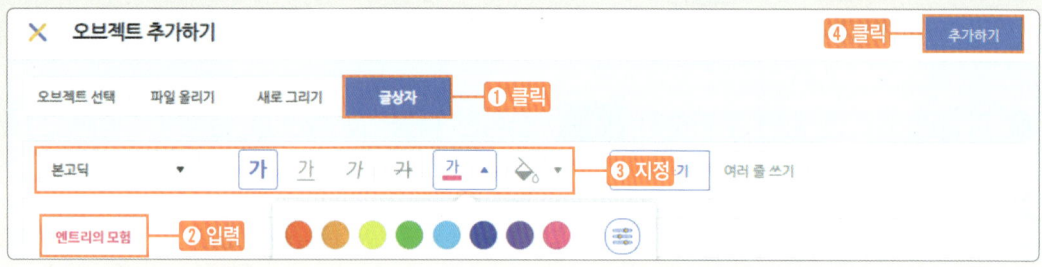

❻ 입력된 글상자를 다음과 같이 크기와 위치를 조정합니다. 이어서, 같은 방법으로 글상자를 만듭니다.

　※ 글상자 서식 : '시작', 글꼴(본고딕), 글꼴 색상(빨강)

❼ [속성] 탭에서 변수를 클릭하고 <변수추가하기>를 이용하여 '공룡', '엔드래곤'을 만들어 줍니다. 이어서, 다음과 같이 변수의 위치를 조정합니다.

❽ '[묶음] 걷는 모습' 오브젝트에 변수를 숨기고 걷는 모습의 블록 코드를 다음과 같이 만들어 봅니다

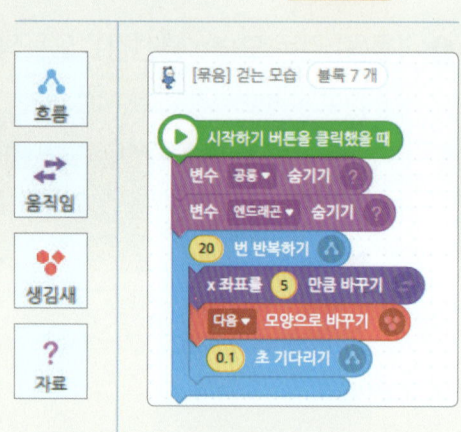

⑨ '시작' 오브젝트에 글상자를 클릭하면 다음 장면으로 이동하는 블록 코드를 다음과 같이 만들어 봅니다.

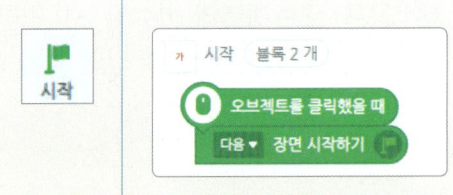

⑩ '광선검1' 오브젝트에 움직이는 동작의 블록 코드를 다음과 같이 만들어 봅니다.

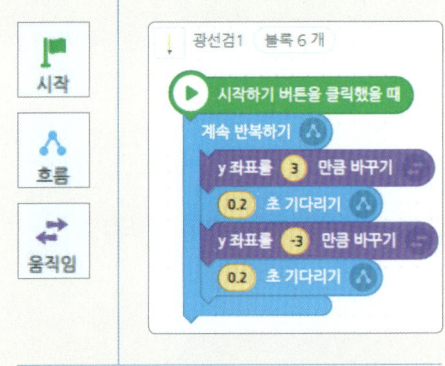

02 [게임] 장면 블록 코드 수정하기

① [게임] 장면이 두 번째 위치로 변경되었기 때문에 블록 코드를 다음과 같이 수정합니다.

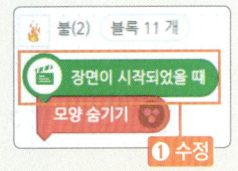 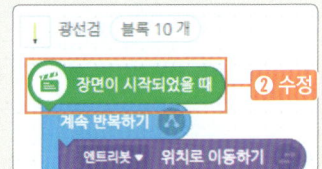

② 같은 방법으로 [게임] 장면이 두 번째 위치로 변경되었기 때문에 블록 코드를 다음과 같이 수정합니다.
※ '공룡', '엔드래곤' 오브젝트는 변수 설정을 합니다. '엔트리봇' 오브젝트는 초시계 시작하기를 합니다.

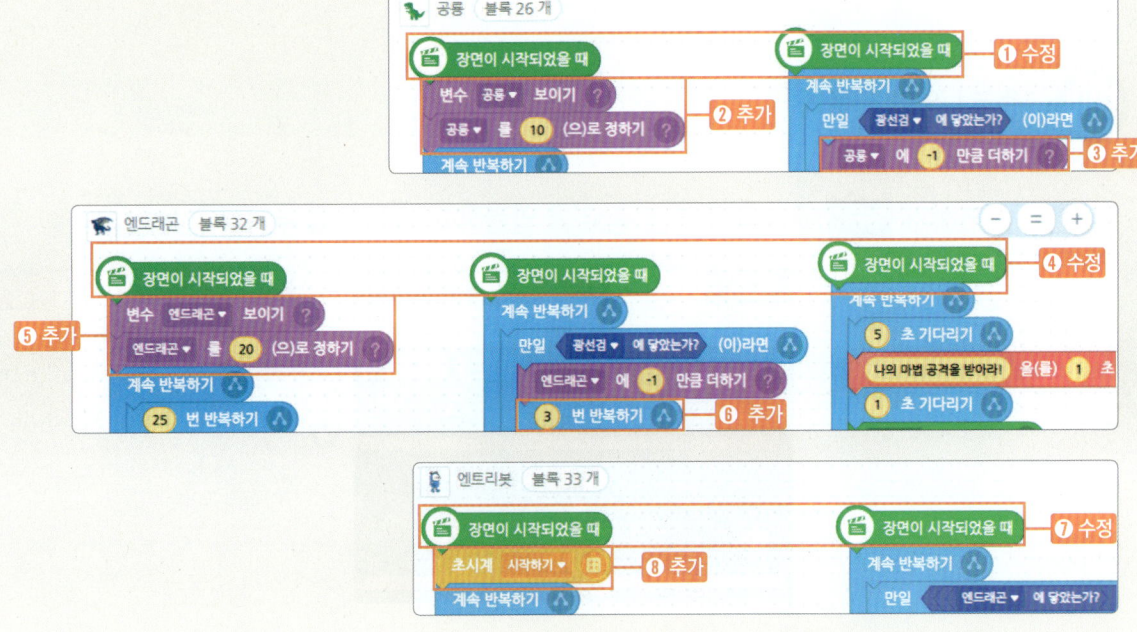

❸ '공룡' 오브젝트에 변수에 '-1' 만큼 더하기를 다음과 같이 추가합니다. 이어서, 모양 숨기기 블록 코드를
삭제한 다음 공룡 변수 값이 '0'일 때 블록 코드를 만들어 반복하기 안쪽에 연결합니다.

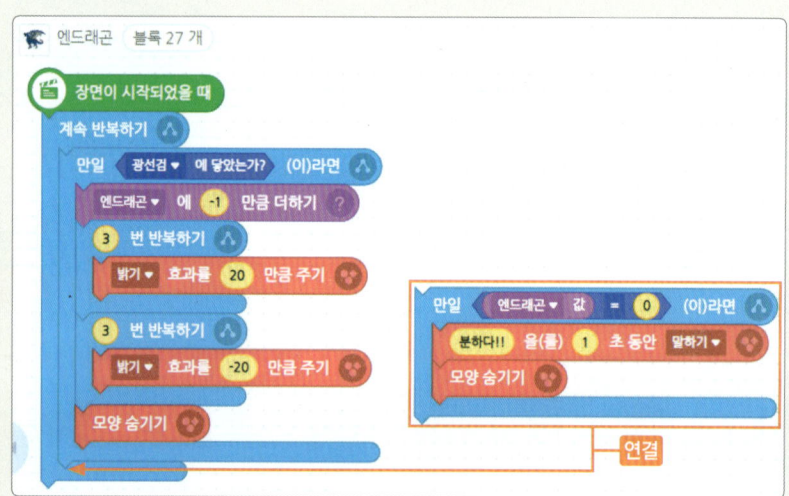

❹ '엔드래곤' 오브젝트도 같은 방법으로 블록 코드를 수정합니다.

---

03 ▶ **[종료] 장면 만들기**

❶ 장면 추가하기(+)를 클릭한 다음 '종료'를 입력하고 Enter 키를 누릅니다.

❷ [종료] 장면에 '날씨' 오브젝트를 추가합니다. 이어서, 다음과 같이 글상자를 추가하고 크기와 위치를 조절합니다.

※ 글상자 서식 : 글꼴(본고딕), 글씨색과 배경색은 자유롭게 설정하세요.

❸ '시간:' 오브젝트에 시간을 보여주는 블록 코드를 다음과 같이 만들어 봅니다.

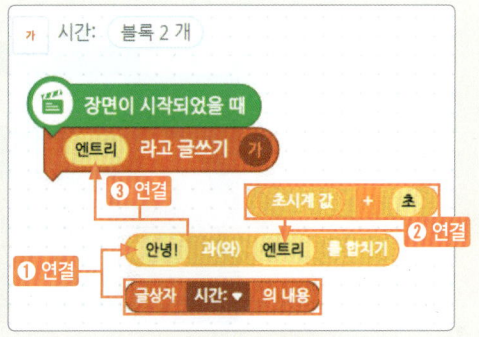

❹ '결과:' 오브젝트에 장면이 시작되면 내용을 보여주는 블록 코드를 다음과 같이 만들어 봅니다.

❺ [첫 화면] 장면에서 ▶ 시작하기 단추를 클릭하여 글상자 [시작]을 눌러 게임을 실행하고 종료된 화면을 확인합니다.

문제해결능력 **미션 수행하기**

■ 불러올 파일 : 14장_미션 수행.ent ■ 완성된 파일 : 14장_미션 수행(완성).ent

01 업그레이드

■ [첫 화면] 장면에서 초시계를 숨기기하고 [종료] 장면에서 초시계와 변수를 숨기기 합니다.

02 업그레이드

■ 게임 종료 후 다시하기를 만들어 봅니다. [게임] 장면에서 초시계를 나타나게 합니다.

외계 침공을 막아라! - 1

■ 불러올 파일 : 외계 침공-1.ent   ■ 완성된 파일 : 외계 침공-1(완성).ent

이런걸 배워요!

- 오브젝트와 신호를 추가하고 사용 방법을 알아봅니다.
- 반복문을 사용하여 오브젝트의 움직이는 모습을 만드는 방법을 알아봅니다.
- 오브젝트의 복제본 만들기 블록 코드와 반복문을 사용하는 방법을 알아봅니다.

▼ 완성 영상 미리보기

이번 시간 등장요소

게임 요소1 : 비행선

좌·우로 움직이며 총알을 발사하여 외계인을 없앤다. 외계인이 너무 많으면 한 번에 없애주는 레이저를 발사한다.

게임 요소2 : 외계인

많은 외계인이 지구를 공격하려 내려옵니다. 그리고 방어하는 비행선을 제거합니다.

배경

외계인과 비행선이 싸우는 장소인 우주를 배경으로 사용

게임 종료 조건

비행선이 외계인을 만나면 없어지게 됩니다.

게임 액션1 : 총알 발사 및 레이저

총알의 관통 능력으로 많은 외계인을 없애줍니다. 레이저 기능은 외계인을 막기 힘들 때 한 번에 없애주는 기능

게임 액션2 : 레이저의 사용 제한 시간

레이저는 강력한 기능으로 다시 전력을 모으려면 10초의 시간이 필요합니다.

문제 해결마법사   다음 그림의 깨진 조각을 찾아서 색칠해 봅니다.

01 ▶ 오브젝트 불러오기와 편집

❶ 엔트리에서 [불러오기(▤▾)]-[오프라인 작품 불러오기]를 클릭합니다. 이어서, [불러올 파일]-[CHAPTER 15]에서 '외계 침공-1.ent' 파일을 불러옵니다.

❷ <오브젝트 추가하기> 단추를 클릭한 다음 [오브젝트 추가하기] 대화상자에서 '외계인(1)', '비행선', '총알'을 검색하고 <추가하기> 단추를 클릭합니다.

❸ '외계인(1)', '비행선', '총알' 오브젝트의 위치와 크기를 다음과 같이 변경합니다.

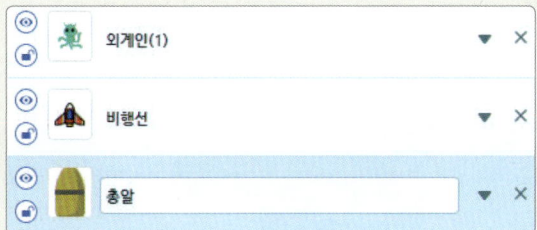

오브젝트	X좌표	Y좌표	크기
외계인(1)	0	0	50
비행선	−200	−115	67
총알	0	0	10

02 ▶ 신호 추가하기

❶ [속성] 탭에서 신호를 클릭하고 <신호 추가하기> 단추를 클릭하여 '레이저'와 '발사' 신호를 추가합니다.

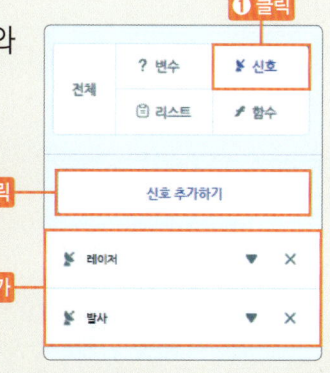

❶ '비행선' 오브젝트는 비행선이 좌·우로 움직이고 화면 밖으로 벗어나지 못하도록 블록 코드를 만들어 봅니다.

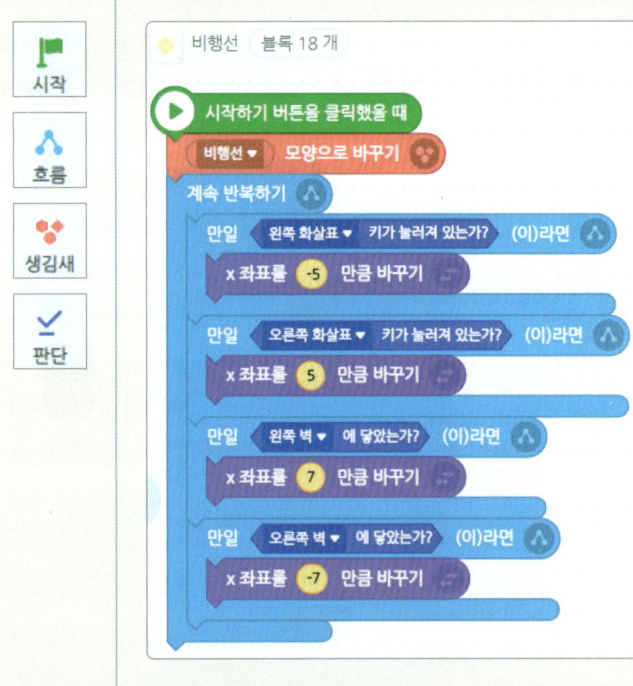

TIP
'비행선'이 화면의 왼쪽으로 이동하면 마이너스 값으로 좌표를 이동하므로 왼쪽 벽에 닿으면 좌표를 플러스 값으로 주면 '비행선'이 화면으로 나가지 못합니다.

❷ '비행선' 오브젝트에서 키보드의 키를 누르면 공격 신호를 보내주는 블록 코드를 만들어 봅니다.

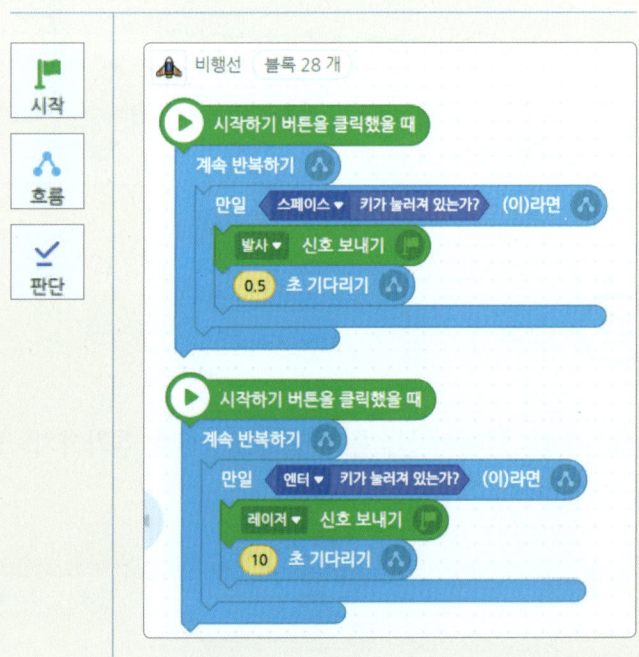

TIP
'레이저' 신호는 게임의 재미를 위해서 기다리기 시간을 10초 이상으로 설정합니다. 너무 짧은 시간을 설정하면 게임이 쉬워지게 됩니다.

❸ '비행선' 오브젝트에서 '외계인(1)' 오브젝트에 닿으면 비행선 모양이 변경되면서 모양 숨기기와 모든 코드를 멈추는 블록 코드를 만들고 반복하기 안쪽에 연결합니다.

❹ '총알' 오브젝트는 게임이 시작되면 숨기기를 하고 비행선 위치에서 발사 신호로 총알을 생성하는 블록 코드를 만들어 봅니다.

❺ '레이저빔' 오브젝트에 레이저빔을 발사하는 블록 코드를 만들어 봅니다.

❻ '외계인(1)' 오브젝트는 게임이 시작되면 아래로 내려오는 블록 코드를 만들어 봅니다.

※ '외계인(1)' 오브젝트는 시간에 따라서 복제본을 생성하며 '총알' 또는 '레이저빔'에 닿으면 삭제합니다.

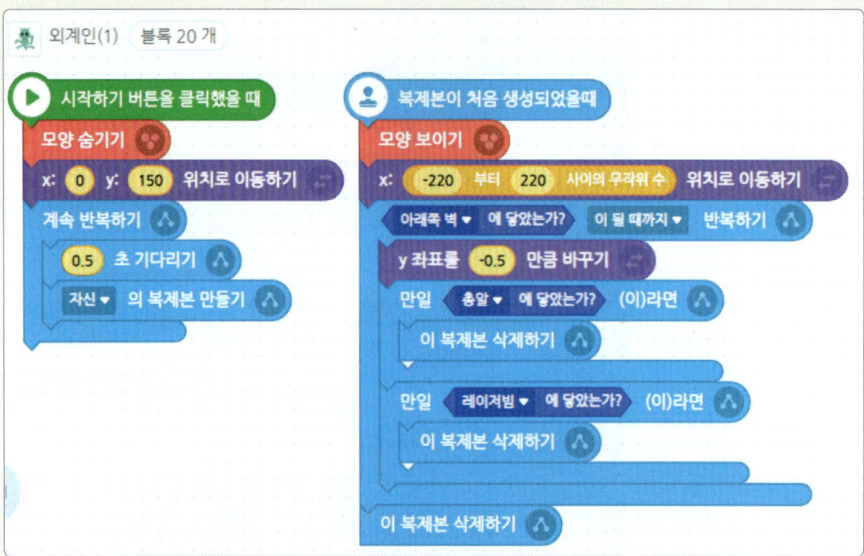

❼ <kbd>▶ 시작하기</kbd> 단추를 클릭하여 동작이 되는지 확인합니다.

❽ 완성된 파일을 [저장하기(📄▾)]–[저장하기]를 클릭합니다. 이어서, [다른 이름으로 저장] 대화상자가 나오면 본인 폴더에 '외계 침공 완성'을 입력한 다음 <저장>하기 단추를 클릭합니다.

CHAPTER 15 · 문제해결능력 미션 수행하기

■ 불러올 파일 : 15장_미션 수행.ent   ■ 완성된 파일 : 15장_미션 수행(완성).ent

01 업그레이드

■ '총알' 오브젝트가 발사되면 소리가 나오도록 변경해 봅니다.
[불러올 파일]-[CHAPTER 15]-'레이저1.mp3'

■ '레이저빔' 오브젝트가 발사되면 소리가 나오도록 변경해 봅니다.
[불러올 파일]-[CHAPTER 15]-'레이저2.mp3'

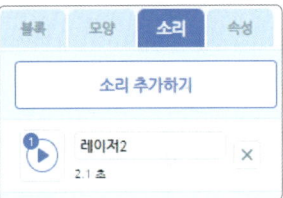

02 업그레이드 및 디버깅

■ '외계인(1)' 오브젝트의 크기와 시간도 무작위 수를 이용하여 변경 가능한지 알아봅니다.

```
🐸 외계인(1)   블록 23 개

▶ 시작하기 버튼을 클릭했을 때
모양 숨기기 👾
x: 0 y: 150 위치로 이동하기
계속 반복하기
    ● 부터 ● 사이의 무작위 수  초 기다리기
    자신 ▼ 의 복제본 만들기

👤 복제본이 처음 생성되었을때
모양 보이기 👾
크기를 ● 부터 ● 사이의 무작위 수 (으)로 정하기
x: -220 부터 220 사이의 무작위 수  위치로 이동하기
아래쪽 벽 ▼ 에 닿았는가?  이 될 때까지 ▼ 반복하기
    y 좌표를 -0.5 만큼 바꾸기
    만일 총알 ▼ 에 닿았는가? (이)라면
        이 복제본 삭제하기
    만일 레이저빔 ▼ 에 닿았는가? (이)라면
        이 복제본 삭제하기
이 복제본 삭제하기
```

외계 침공을 막아라! - 2

■ 불러올 파일 : 외계 침공-2.ent   ■ 완성된 파일 : 외계 침공-2(완성).ent

이런걸 배워요!
- 장면을 추가하고, 장면 전환하는 방법을 알아봅니다.
- 변수를 추가하고 변수의 결과를 글상자에 표시하는 방법 알아보기

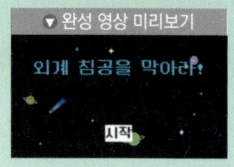
▼ 완성 영상 미리보기

외계 침공을 막아라!

시작

이번 시간 등장요소

첫 화면
게임의 이름을 보여주며 [시작]을 클릭하면 [게임] 장면으로 이동한다.

게임
[첫 화면] 장면에서 [게임] 장면으로 이동하도록 블록 코드를 수정합니다.

종료 조건
외계인 방어에 성공 또는 실패 조건을 설정합니다.

종료 장면
게임이 종료되면 [종료] 장면으로 이동하고 게임의 결과를 보여줍니다.

점수
변수를 이용하여 잡은 외계인 수와 놓친 외계인 수를 저장합니다.

주의 사항
[첫 화면] 장면에서 시작하여 [게임] 장면으로 이동하도록 블록 코드를 확인합니다.

문제 해결마법사
다음 그림을 보고 같은 모양의 열기구를 연결해 봅니다.

01 [첫 화면] 장면 만들기

❶ 엔트리에서 [불러오기(📑)]–[오프라인 작품 불러오기]를 클릭합니다. 이어서, [열기] 대화상자가 나오면 [불러올 파일]–[CHAPTER 16]–'외계 침공-2.ent'를 선택하고 <열기> 단추를 클릭합니다.

❷ 파일이 열리면 장면 추가하기(➕) 클릭한 다음 '첫 화면'을 입력하고 Enter 키를 누릅니다. 이어서, 만들어진 [첫 화면] 장면을 [게임] 장면 왼쪽으로 이동합니다.

❸ [첫 화면] 장면에 '우주(2)' 오브젝트를 추가합니다. 이어서, <오브젝트 추가하기>–[글상자]를 클릭하고 내용을 입력한 다음 서식을 적용한 후, <추가하기> 단추를 클릭합니다.

※ 글상자 서식 : '외계 침공을 막아라!', 글꼴(둥근모꼴체), 글꼴 색상(노랑), 채우기 색상(투명)

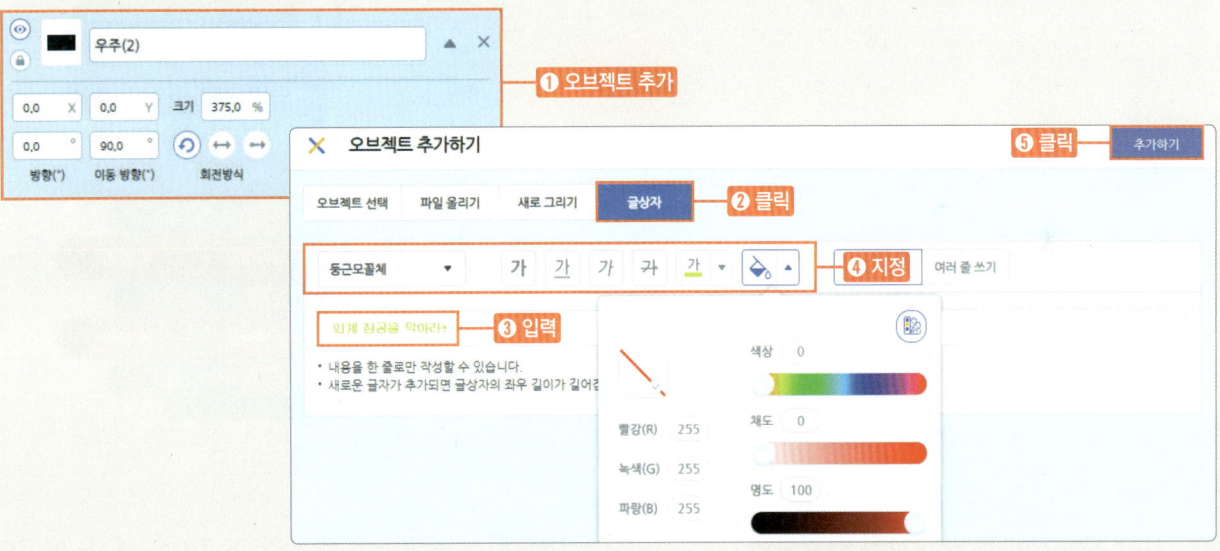

❹ 입력된 글상자를 다음과 같이 크기와 위치를 조정합니다. 이어서, 같은 방법으로 글상자를 만듭니다.

※ 글상자 서식 : '시작', 글꼴(둥근모꼴체)

❺ [속성] 탭에서 변수를 클릭하고 <변수 추가하기> 단추를 클릭하여 '잡은 외계인', '놓친 외계인'을 만들어
줍니다. 이어서, 다음과 같이 변수의 위치를 조정합니다.

❻ '외계 침공을 막아라!' 오브젝트는 변수를 숨긴 다음 글씨색이 바뀌는 블록 코드를 다음과 같이 만들어
봅니다.

   ※ **글씨색 순서 : 밝은 노랑, 밝은 초록, 밝은 파랑**

❼ '시작' 오브젝트는 글상자를 클릭하면 다음 장면으로 이동하는 블록 코드를 다음과 같이 만들어 봅니다.

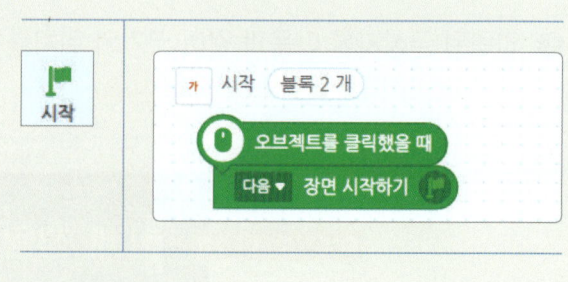

[게임] 장면 블록 코드 수정하기

❶ [게임] 장면이 두 번째 위치로 변경되었기 때문에 블록 코드를 다음과 같이 수정합니다.

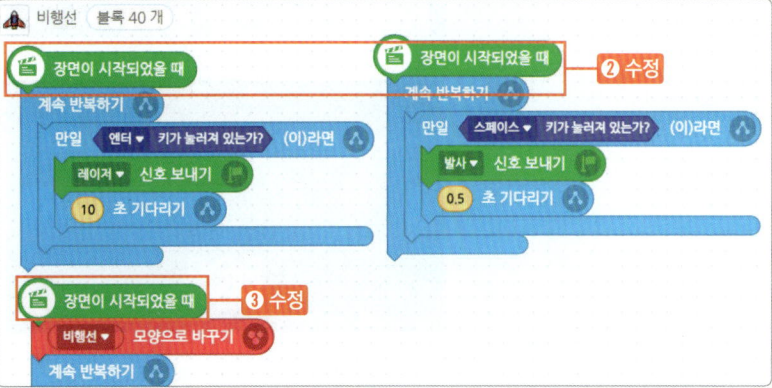

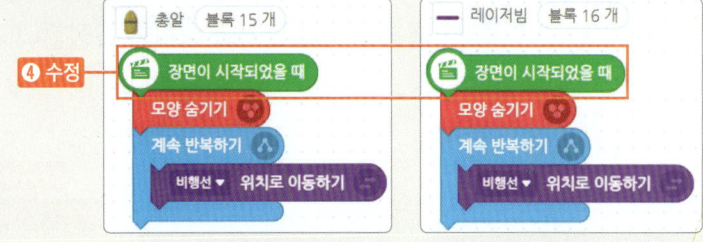

❷ '외계인(1)' 오브젝트에 점수를 기록을 하기 위해서 변수에 '1' 만큼 더하기를 다음과 같이 추가합니다.

※ 총알 또는 레이저빔에 닿으면 '잡은 외계인' 변수에 더하고 외계인이 아래쪽에 닿으면 '놓친 외계인'에 더하기를 합니다.

03 [종료] 장면 만들기

❶ 장면 추가하기(**+**) 클릭한 다음 '종료'를 입력하고 **Enter** 키를 누릅니다.

❷ [종료] 장면에 '우주정거장' 오브젝트를 추가합니다. 이어서, 다음과 같이 글상자를 추가하고 크기와 위치를 조정합니다.

  ※ 글상자 서식 : 글꼴(둥근모꼴체), 글씨색과 배경색은 자유롭게 설정 하세요.

❸ '잡은 외계인 수:' 오브젝트에 블록 코드를 다음과 같이 만들어 봅니다.

❹ '놓친 외계인 수:' 오브젝트에 블록 코드를 다음과 같이 만들어 봅니다. 이어서, '다시하기' 오브젝트에 블록 코드를 만들어 봅니다.

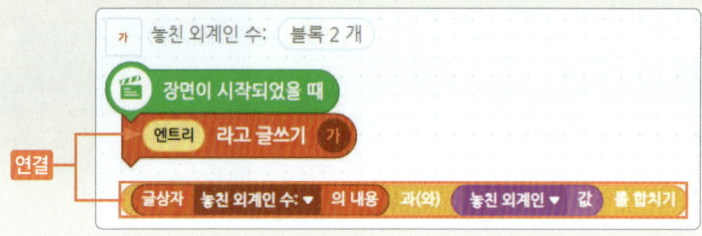 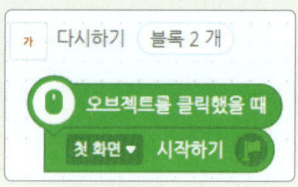

[게임] 장면 마무리하기

❶ [게임] 장면의 '비행선' 오브젝트는 게임이 시작되면 변수를 보여준 후, [종료] 장면으로 넘어가도록 블록 코드를 만들어 봅니다.

※ 게임 종료 조건은 놓친 외계인 값이 3이상 이거나 잡은 외계인이 100이상이면 조건에 맞는 말하기를 합니다.

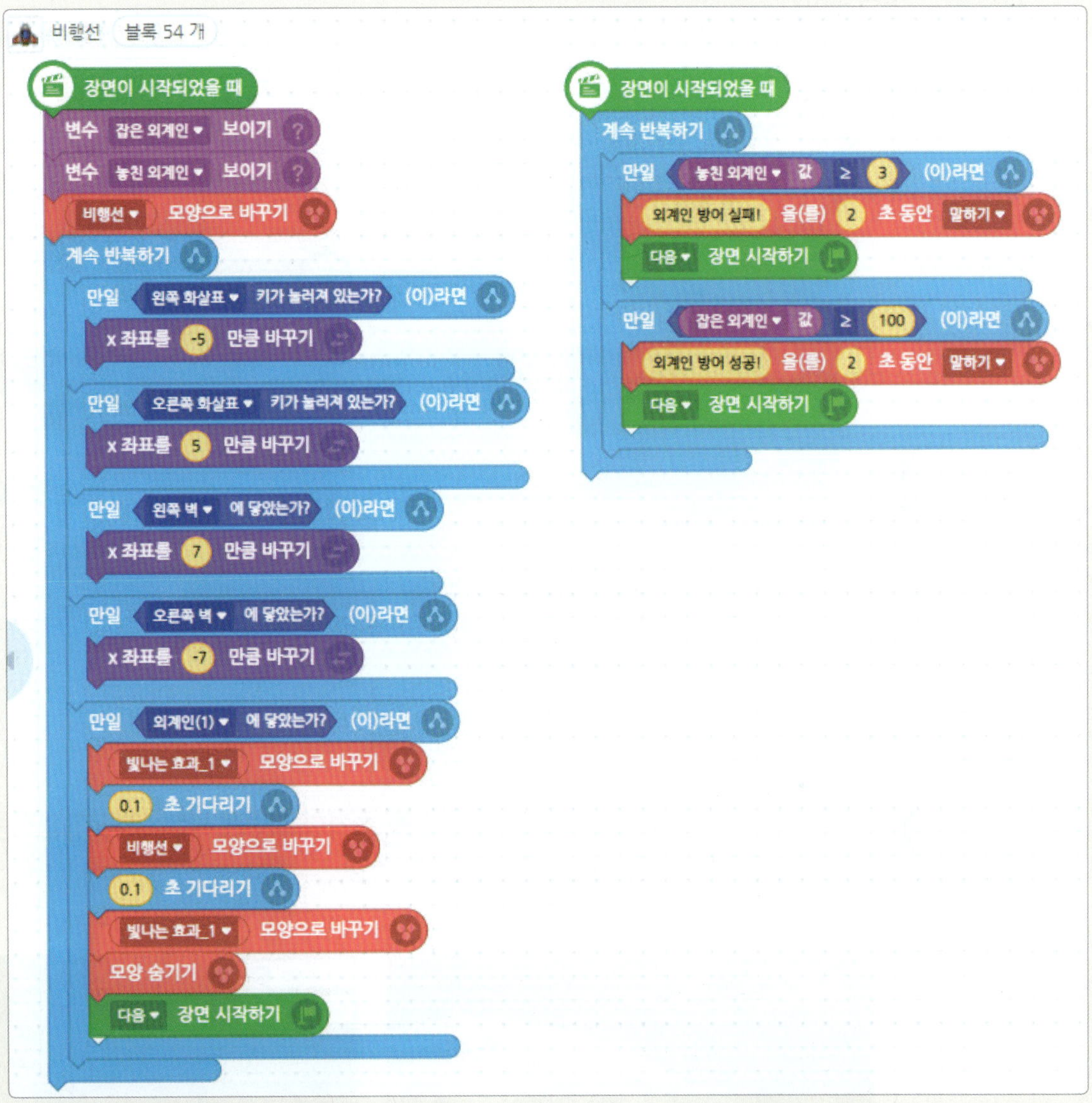

```
비행선   블록 54 개

장면이 시작되었을 때
변수  잡은 외계인 ▼  보이기  ?
변수  놓친 외계인 ▼  보이기  ?
비행선 ▼  모양으로 바꾸기
계속 반복하기
  만일  왼쪽 화살표 ▼  키가 눌러져 있는가?  (이)라면
    x 좌표를  -5  만큼 바꾸기
  만일  오른쪽 화살표 ▼  키가 눌러져 있는가?  (이)라면
    x 좌표를  5  만큼 바꾸기
  만일  왼쪽 벽 ▼  에 닿았는가?  (이)라면
    x 좌표를  7  만큼 바꾸기
  만일  오른쪽 벽 ▼  에 닿았는가?  (이)라면
    x 좌표를  -7  만큼 바꾸기
  만일  외계인(1) ▼  에 닿았는가?  (이)라면
    빛나는 효과_1 ▼  모양으로 바꾸기
    0.1  초 기다리기
    비행선 ▼  모양으로 바꾸기
    0.1  초 기다리기
    빛나는 효과_1 ▼  모양으로 바꾸기
    모양 숨기기
    다음 ▼  장면 시작하기

장면이 시작되었을 때
계속 반복하기
  만일  놓친 외계인 ▼  값  ≥  3  (이)라면
    외계인 방어 실패!  을(를)  2  초 동안  말하기 ▼
    다음 ▼  장면 시작하기
  만일  잡은 외계인 ▼  값  ≥  100  (이)라면
    외계인 방어 성공!  을(를)  2  초 동안  말하기 ▼
    다음 ▼  장면 시작하기
```

❷ [첫 화면] 장면에서 ▶ 시작하기 단추를 클릭하여 글상자 '시작'을 눌러 게임을 실행하고 종료된 화면을 확인합니다.

  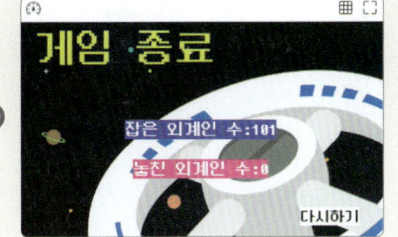

문제해결능력 **미션 수행하기**

■ 불러올 파일 : 16장_미션 수행.ent   ■ 완성된 파일 : 16장_미션 수행(완성).ent

01 업그레이드

■ '비행선' 오브젝트에서 '레이저 빔'의 충전 시간이 완료되면 알려주는 블록 코드를 어디에 넣어야 하는지 확인하고 만들어 봅니다.

🚀 비행선   블록 54 개

🎬 장면이 시작되었을 때
계속 반복하기 ∧
만일 스페이스 ▼ 키가 눌러져 있는가? (이)라면 ∧
발사 ▼ 신호 보내기 📨
0.5 초 기다리기 ∧

🎬 장면이 시작되었을 때
계속 반복하기 ∧
만일 엔터 ▼ 키가 눌러져 있는가? (이)라면 ∧
레이저 ▼ 신호 보내기 📨
10 초 기다리기 ∧

레이저빔 충전 완료! 을(를) 1 초 동안 말하기 ▼ ☢

02 디버깅

■ 게임 종료 후 다시하기를 클릭하면 변수를 초기화하지 못하는 오류가 생겼습니다. 어떤 블록 코드를 추가해야 하는지 수정합니다.

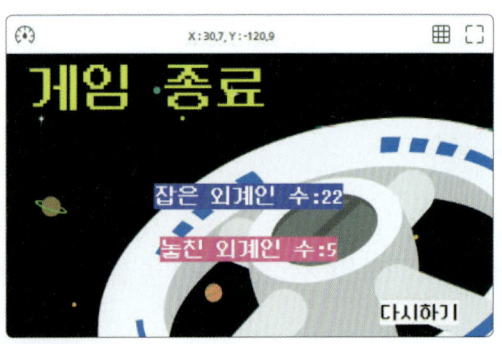

> **TIP**
> 게임을 다시 시작하면 '잡은 외계인'과 '놓친 외계인' 변수의 값은 '0'으로 변경합니다.

높이 올라가기 게임 - 1

■ 불러올 파일 : 높이 올라가기 게임-1.ent   ■ 완성된 파일 : 높이 올라가기 게임-1(완성).ent

이런 걸 배워요!

- 오브젝트와 신호, 변수를 추가하고 사용 방법을 알아봅니다.
- 조건문을 사용하여 오브젝트의 이동 방향, 위치, 모양을 변경하는 방법을 알아봅니다.
- 반복문을 사용하여 여러 가지 소리를 조합하여 새로운 소리로 만드는 방법을 알아봅니다.

▼ 완성 영상 미리보기

이번 시간 등장요소

게임 요소1 : 원숭이

방향키로 원숭이를 좌, 우로 움직여 넝쿨을 옮겨 다니면 높이 자동 측정됩니다.

게임 요소2 : 바나나, 구름

랜덤으로 떨어지는 바나나를 획득
랜덤으로 떨어지는 검은 돌멩이는 장애물입니다.

게임 점수 계산 방법

위쪽 벽, 아래쪽 벽에 닿지 않고 넝쿨에 옮겨 다니면 자동으로 높이가 측정됨. 바나나(+10M), 검은 돌멩이(-10M)

게임 시간 및 종료

시간 무제한 게임으로 위쪽, 아래쪽에 닿으면 게임이 종료됨.

문제 해결마법사 모양이 겹치지 않게 해당하는 번호를 빈칸에 적어봅니다.

01 오브젝트 불러오기와 편집

❶ 엔트리에서 [불러오기(▤▾)]-[오프라인 작품 불러오기]를 클릭합니다. 이어서, [불러올 파일]-[CHAPTER 17]에서 '높이 올라가기 게임-1.ent' 파일을 불러옵니다.

❷ [게임] 장면에서 <오브젝트 추가하기> 단추를 클릭한 다음 [파일 올리기]에서 '원숭이1'을 불러온 다음 <추가하기> 단추를 클릭합니다.

　※ 파일 경로 : [불러올 파일]-[CHAPTER 17]

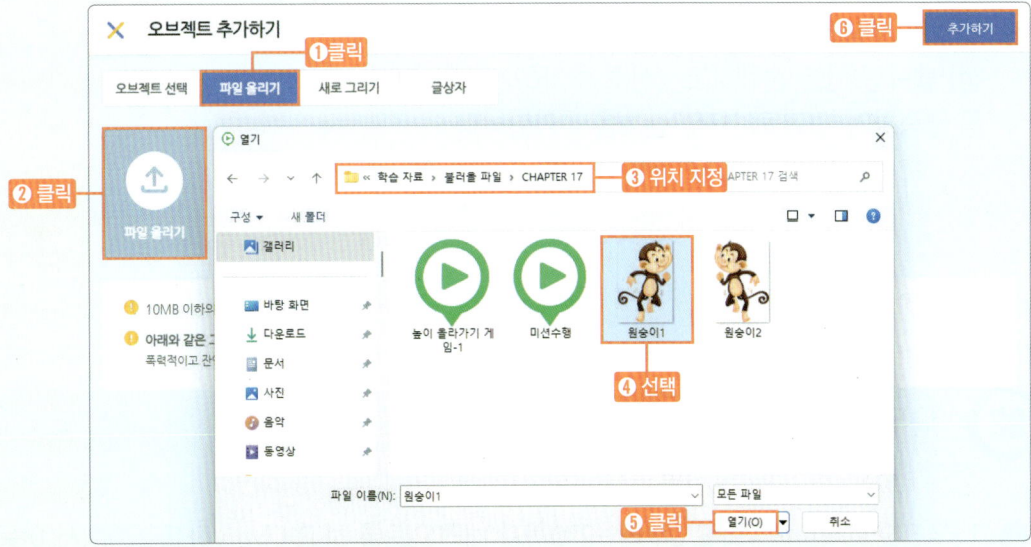

❸ '원숭이1' 오브젝트에 다른 모양을 추가하기 위해서 [모양] 탭-<모양 추가하기> 단추를 클릭하고 '원숭이2'를 추가합니다.

　※ 파일 경로 : [불러올 파일]-[CHAPTER 17]

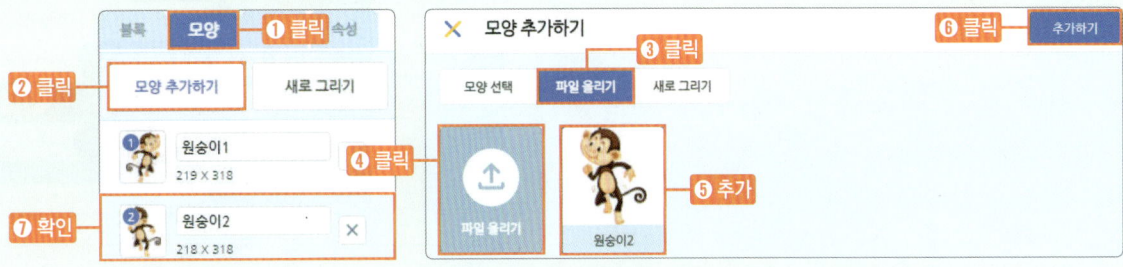

❹ <오브젝트 추가하기> 단추를 클릭한 다음 '숫자 버튼', '바나나(1)', '검은 돌멩이'를 검색하고 <추가하기> 단추를 클릭합니다. 이어서, 오브젝트의 위치와 크기를 다음과 같이 변경합니다.

오브젝트	X좌표	Y좌표	크기
원숭이1	-110	-20	60
숫자 버튼	0	0	100
바나나(1)	0	0	40
검은 돌멩이	0	0	30

02 ▸ 변수와 신호 추가하기

① 높이 값을 사용하기 위해 [속성] 탭-[변수]를 선택하고 <변수 추가하기> 단추를 클릭하여 '높이' 변수를 추가합니다.

② 게임의 시작과 결과에 대한 신호를 주기 위해 [속성] 탭-[신호]를 선택하고 <신호 추가하기> 단추를 클릭하여 '결과'와 '시작' 신호를 추가합니다.

03 ▸ '나무1', '나무2' 오브젝트에 블록 코딩하기

① '나무1' 오브젝트에 y좌표 0부터 –270까지 내려오도록 하고 다시 y좌표 270에서 이동해서 내려오는 블록 코드를 만들어 봅니다.

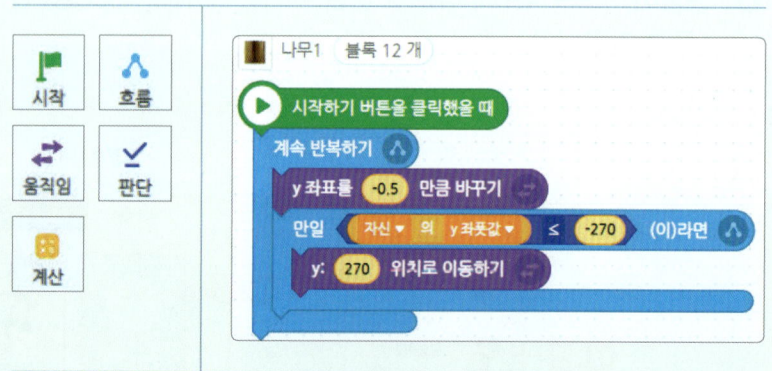

② '나무1' 오브젝트에 '시작' 신호를 받았을 때 높이가 측정될 수 있도록 다음과 같이 블록 코드를 만들어 봅니다.

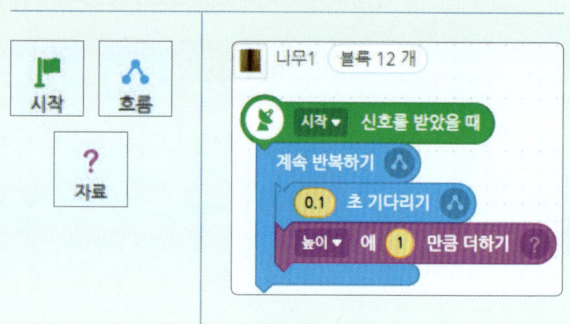

❸ '나무2' 오브젝트는 y좌표 270부터 −270까지 내려오도록 하고 다시 y좌표 270으로 이동해서 내려오는 블록 코드를 만들어 봅니다.

TIP
'나무1' 오브젝트가 아래로 내려가면 '나무2' 오브젝트가 위에서 내려오도록 반복하면 원숭이가 나무를 올라가는 것처럼 보입니다.

⑭ '숫자 버튼', '검은 돌멩이', '바나나(1)' 오브젝트에 블록코딩하기

❶ '숫자 버튼' 오브젝트에서 3초 카운트 모양이 나타나고, 게임 시작 신호를 보낼 수 있는 블록 코드를 만들어 봅니다.

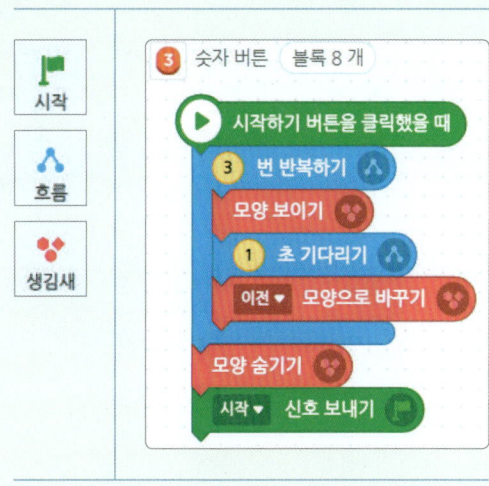

❷ '바나나(1)' 오브젝트는 바나나가 나타나는 시간, 위치를 무작위 수를 사용하고 원숭이가 바나나에 닿았을 때 높이를 10만큼 더해주고 사라지게 할 수 있는 블록 코드를 만들어 봅니다.

❸ '검은 돌멩이' 오브젝트에서 돌멩이가 나타나는 시간, 위치를 무작위 수를 사용하고 원숭이가 돌멩이에 닿았을 때 높이를 10만큼 빼주고 사라지게 할 수 있는 블록 코드를 만들어 봅니다.

❶ '원숭이1' 오브젝트에 소리를 넣기 위해 [소리] 탭-<소리 추가하기> 단추를 클릭하고 다음과 같이 소리를 추가합니다.

   ※ 소리 : '기합', '탬버린', '라이드 심벌'

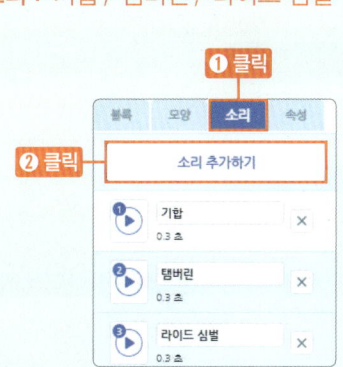

❷ '원숭이1' 오브젝트가 위쪽 벽, 아래쪽 벽에 닿기 전까지 배경음악을 재생할 수 있도록 다음과 같이 블록 코드를 만들어 봅니다.

원숭이1 블록 56 개

```
시작하기 버튼을 클릭했을 때
위쪽 벽 ▼ 에 닿았는가?  또는 ▼  아래쪽 벽 ▼ 에 닿았는가?  이 될 때까지 ▼  반복하기
  소리  탬버린 ▼  재생하기
  0.1  초 기다리기
  소리  라이드 심벌 ▼  재생하기
  0.1  초 기다리기
```

시작 / 흐름 / 소리 / 판단

❸ 시작 신호를 받았을 때 '원숭이1' 오브젝트는 오른쪽 방향키를 누르면 오른쪽으로 점프하면서 이동 후, 소리 효과도 재생한 다음 '원숭이2' 모양으로 바꿀 수 있도록 다음과 같이 블록 코드를 만들어 봅니다.

원숭이1 블록 42 개

```
시작 ▼ 신호를 받았을 때
계속 반복하기
  만일  왼쪽배경 ▼ 에 닿았는가?  그리고 ▼  오른쪽 화살표 ▼ 키가 눌러져 있는가?  (이)라면
    이동 방향을  70°  (으)로 정하기
    오른쪽배경 ▼ 에 닿았는가?  이 될 때까지 ▼  반복하기
      이동 방향으로  6  만큼 움직이기
      이동 방향을  1°  만큼 회전하기
    소리  기합 ▼  재생하기
    원숭이2 ▼  모양으로 바꾸기
```

흐름 / 움직임 / 생김새 / 소리 / 판단

❹ '원숭이2' 모양으로 바뀐 오브젝트는 왼쪽 방향키를 누르면 왼쪽으로 점프하면서 이동하고 '원숭이1' 모양으로 바꿀 수 있도록 다음과 같이 블록 코드를 만들어 반복하기 안쪽에 연결합니다.

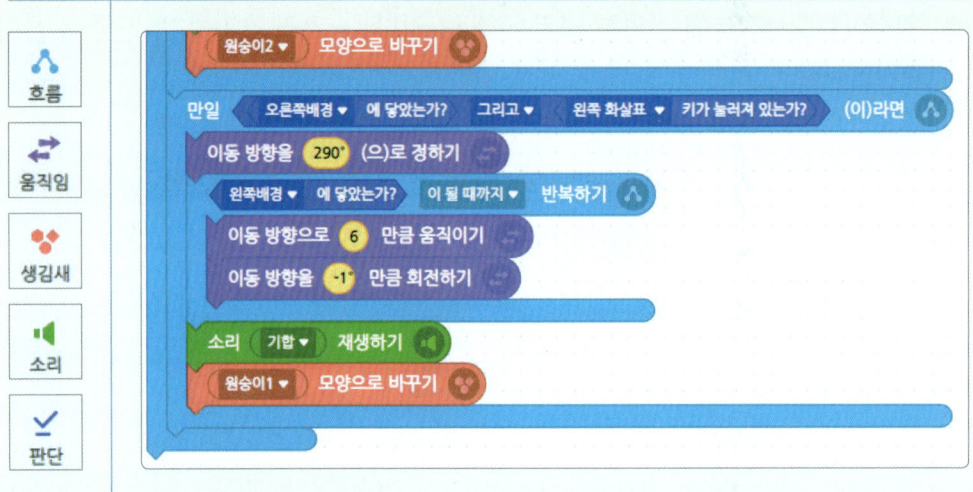

❺ '원숭이1' 오브젝트가 왼쪽과 오른쪽 배경에 닿으면 아래쪽으로 조금씩 내려가고 위쪽 벽 또는 아래쪽 벽에 닿으면 [종료] 장면으로 이동하도록 블록 코드를 만들어 봅니다.

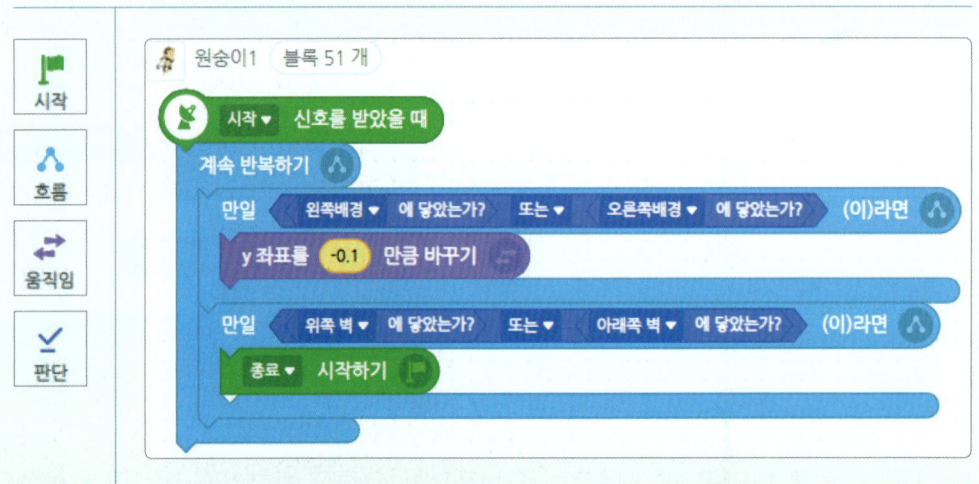

❻ [▶ 시작하기] 단추를 클릭하여 동작이 되는지 확인합니다.

CHAPTER **17**

문제해결능력 **미션 수행하기**

■ 불러올 파일 : 17장_미션 수행.ent ■ 완성된 파일 : 17장_미션 수행(완성).ent

01 업그레이드

■ 검은 돌멩이와 바나나를 획득할 때 소리 효과음이 나올 수 있도록 블록 코드를 추가해서 재밌는 게임을 만들어 봅니다.

┌ 예시 ┐

```
● 검은 돌멩이   블록 19 개

검은 돌멩이 ▼ 의  y 좌푯값 ▼  =  -185  이 될 때까지 ▼  반복하기
  y 좌표를  -1  만큼 바꾸기
  만일   원숭이1 ▼  에 닿았는가?   (이)라면
                                        🔊
    높이 ▼  에  -10  만큼 더하기  ❓
    모양 숨기기
```

02 디버깅

■ 3초 카운트가 실행될 때 숫자 '0'이 보여요. '0'이 보이지 않도록 하는 방법을 찾아 수정해 봅니다.

HINT! 코드를 수정하지 않고 [모양] 탭에서 모양을 삭제하면 쉽게 수정할 수 있습니다.

 CHAPTER **18**

높이 올라가기 게임 - 2

■ 불러올 파일 : 높이 올라가기 게임-2.ent   ■ 완성된 파일 : 높이 올라가기 게임-2(완성).ent

이런것 배워요!
- 어떤 게임인지 한눈에 알아볼 수 있도록 오브젝트, 신호, 소리를 추가하고 사용 방법을 알아봅니다.
- 변수의 결과(높이)를 글상자에 표시하는 방법 알아보기

▼ 완성 영상 미리보기

이번 시간 등장요소

게임 첫 화면
게임에 대한 설명과 시작하는 방법을 알려줌.

게임 종료 화면
총 높이를 나타내고, 게임을 다시 할 수 있는 방법을 알려줌.

게임 점수 계산 방법
위쪽 벽, 아래쪽 벽에 닿지 않고 넝쿨에 옮겨 다니면 자동으로 높이가 측정됨. 바나나(+10M), 검은 돌멩이 (-10M)

게임 종료
시간 무제한 게임으로 위쪽 벽, 아래쪽 벽에 닿으면 게임이 종료됨.

 문제 해결마법사   그림이 겹치지 않게 해당하는 번호를 빈칸에 적어봅니다.

①

②

③

④

01 [첫 화면] 장면 만들기

❶ 엔트리에서 [불러오기(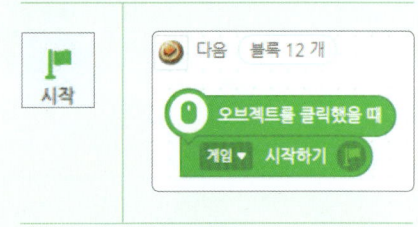)]–[오프라인 작품 불러오기]를 클릭합니다. 이어서, [불러올 파일]–[CHAPTER 18]에서 '높이 올라가기 게임–2.ent' 파일을 불러옵니다.

❷ [첫 화면] 장면에서 <오브젝트 추가하기> 단추를 클릭한 다음 [오브젝트 추가하기] 대화상자에서 [글상자]를 클릭합니다. 이어서, 여러 줄 쓰기를 클릭한 다음 내용을 입력하고 글상자를 추가합니다.

※ 글상자 서식 : 글꼴(나눔스퀘어라운드), 진하게, 채우기 색상(없음), 글꼴 색상(R: 212, G: 255, B:0)
위치 및 크기 : x: 0, y: –45, 크기: 210, 가운데 정렬

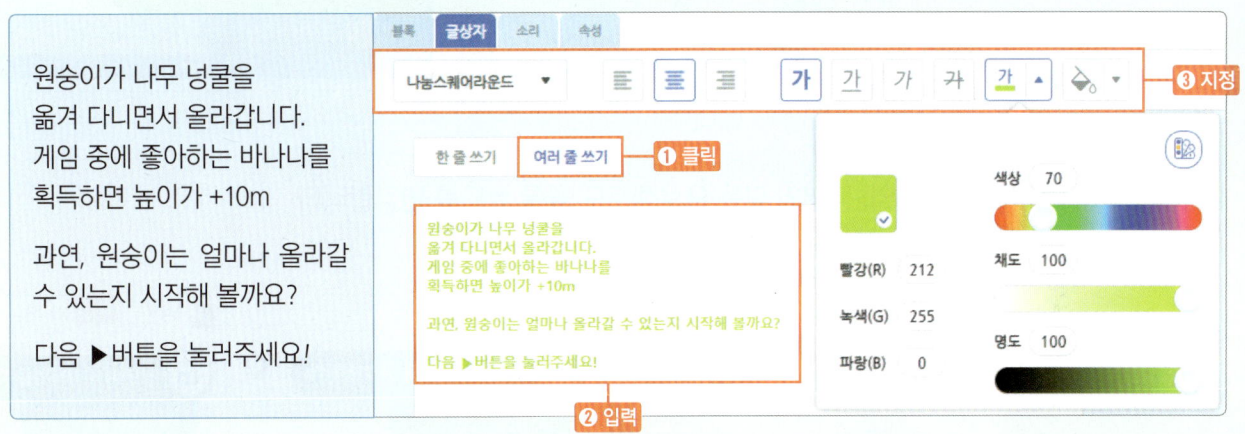

❸ <오브젝트 추가하기> 단추를 클릭한 다음 [파일 올리기]에서 '다음' 이미지를 추가합니다. 이어서, 크기와 위치를 조절합니다.

※ 파일 경로 : [불러올 파일]–[CHAPTER 18]

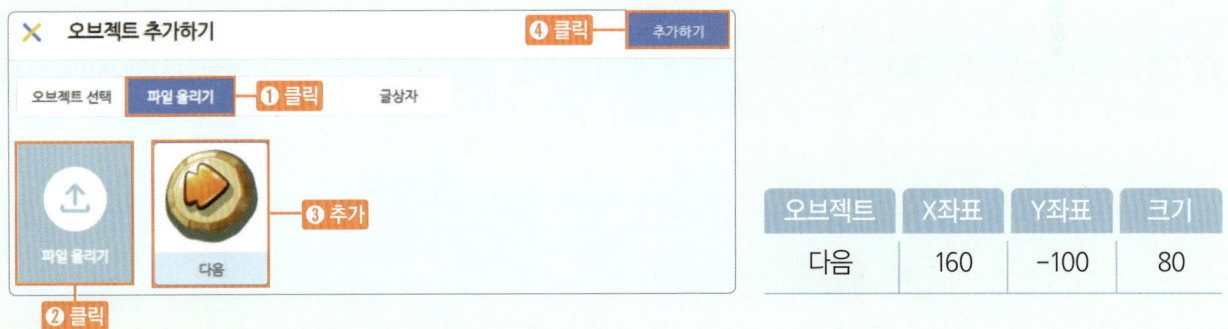

오브젝트	X좌표	Y좌표	크기
다음	160	–100	80

02 오브젝트에 블록 코딩하기

❶ '다음' 오브젝트의 블록 코드를 만들어 봅니다.

❷ '다음' 오브젝트는 오브젝트를 클릭하기 전까지 소리를 추가해서 반복 재생할 수 있도록 블록 코드를 만들어 봅니다.

    ※ '낮은 봉고'와 '높은 봉고' 소리를 추가합니다.

❸ 게임이 시작되기 위해 [게임] 장면의 모든 오브젝트도 블록 코드를 변경합니다.

    ※ '나무1', '나무2', '원숭이1', '숫자 버튼'

03 ▶ [종료] 장면 만들기

❶ [종료] 장면에서 <오브젝트 추가하기> 단추를 클릭한 다음 [오브젝트 추가하기] 대화상자에서 [글상자]를 선택합니다. 이어서, '올라간 높이를 확인해 볼까요?'를 입력한 다음 서식과 위치를 조정합니다.

    ※ 글상자 서식 : 글꼴(산돌 용비어천가), 진하게, 배경색(없음), 글꼴 색상(R: 0, G: 0, B: 0)
    　 위치 및 크기 : x: 0, y: 100, 크기: 210, 가운데 정렬

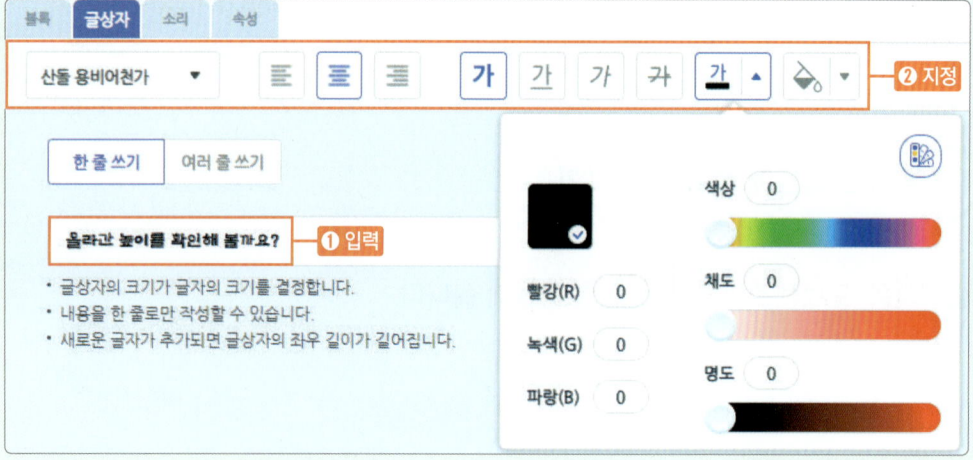

❷ 같은 방법으로 '결과' 글상자를 추가합니다.

※ 글상자 서식 : 글꼴(나눔스퀘어라운드), 진하게, 배경색(없음), 글자색(R: 34, G: 0, B: 145)

위치 및 크기 : x: 0, y: 45, 크기: 55

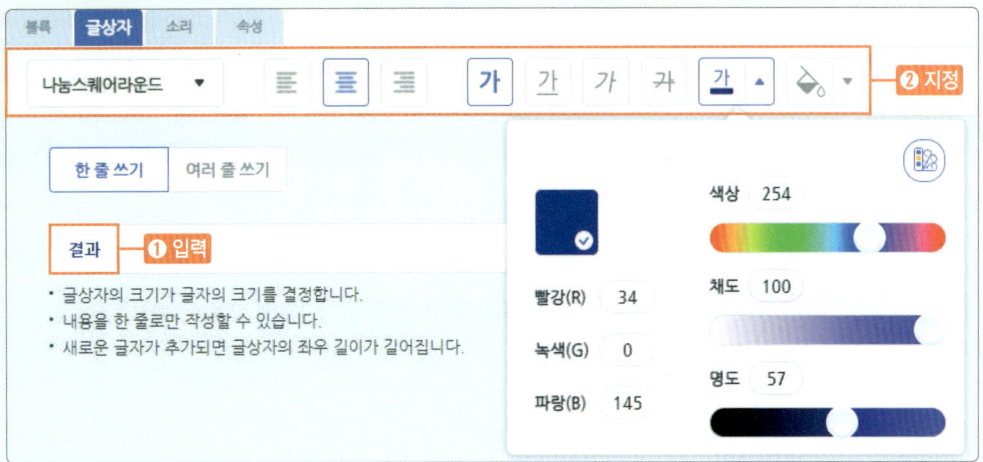

02 오브젝트에 블록 코딩하기

❶ [종료] 장면에서 '배경2' 오브젝트는 장면이 시작되면 소리를 추가하여 재생하고 결과 신호를 보낼 수 있도록 블록코드를 만들어 봅니다.

※ 소리 : '마림바 04_도', '마림바 06_미', '마림바 08_솔', '마림바 11_높은도'

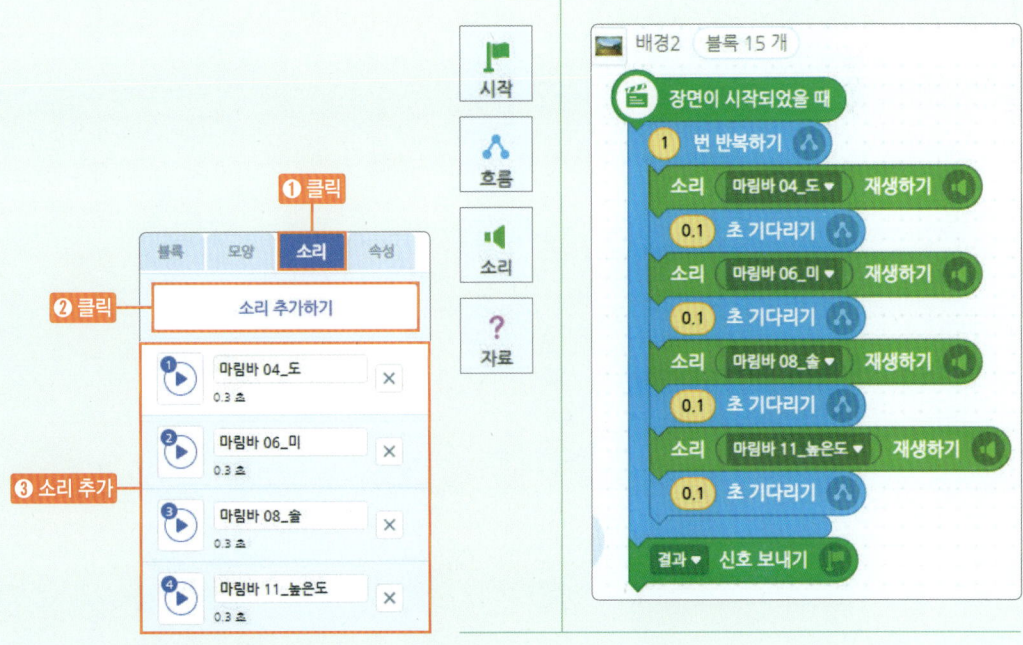

❷ '결과' 오브젝트에 '결과' 신호를 받으면 높이가 몇 미터인지 표시할 수 있도록 블록 코드를 만들어 봅니다.

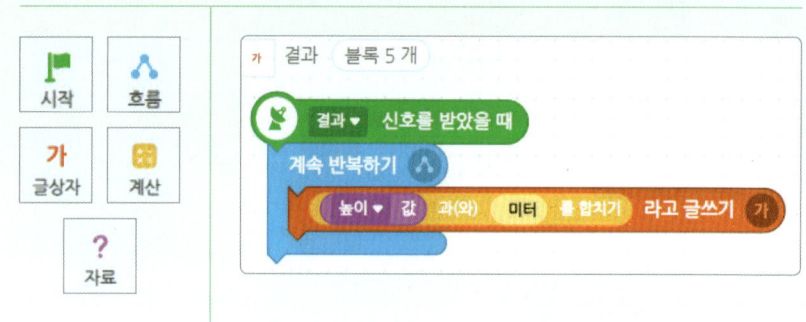

❸ ▶ 시작하기 단추를 클릭하여 장면 전환과 동작이 되는 확인합니다.

문 해 제 결 능 력 **미션 수행하기**

■ 불러올 파일 : 18장_미션 수행.ent ■ 완성된 파일 : 18장_미션 수행(완성).ent

01 업그레이드

■ 초시계를 추가해서 제한 시간 30초 동안 최대한 높이 올라갈 수 있는 게임을 만들어 봅니다.

┌ **예시** ┐

초시계 시작하기 ▾

10 ≥ 10

초시계 값

만일 참 (이)라면

➡

⚫ 검은 돌멩이   블록 19 개

시작 ▾ 신호를 받았을 때
계속 반복하기
  초시계 시작하기 ▾
  만일 초시계 값 ≥ 30 (이)라면
    종료 ▾ 시작하기

02 디버그

■ 게임이 종료되었는데 초시계가 계속 작동되고 있어요. 멈출 수 있는 방법을 찾아 수정해 봅니다.

초시계 정지하기 ▾

➡

⬛ 나무1   블록 19 개

시작 ▾ 신호를 받았을 때
계속 반복하기
  초시계 시작하기 ▾
  만일 초시계 값 ≥ 30 (이)라면
    초시계 정지하기 ▾
    종료 ▾ 시작하기

방 탈출 게임 - 1

■ 불러올 파일 : 방 탈출 게임-1.ent   ■ 완성된 파일 : 방 탈출 게임-1(완성).ent

이런걸 배워요!

- 오브젝트와 신호, 변수, 소리를 추가하고 사용 방법을 알아봅니다.
- 조건문을 사용하여 오브젝트의 이동 방향, 위치, 모양을 변경하는 방법을 알아봅니다.
- 반복문을 사용하여 여러 가지 소리를 조합하여 새로운 소리로 만드는 방법을 알아봅니다.
- 장면을 복제하여 장면 추가하는 방법을 알아봅니다.

이번 시간 등장요소

게임 요소 1
영어로 된 단어 중 빈칸에 들어갈 알파벳을 첫 번째 비밀번호로 정함.

게임 요소 2
시계와 가방이 가진 값을 순서대로 빈칸에 들어가는 숫자를 두 번째, 세 번째 비밀번호로 정함.

게임 요소 3
좌, 우 그림을 보고 틀린 그림을 찾고, 틀린 곳의 숫자를 네 번째 비밀번호로 정함.

게임 시간 / 점수 / 종료
시간 무제한 게임으로 점수를 책정 하지 않고, 비밀번호를 모두 맞추면 상금을 받고 종료됨.

문제 해결마법사   출발 화살표 지점에서 도착 화살표 지점까지 숫자 순서대로 선을 그려봅니다.

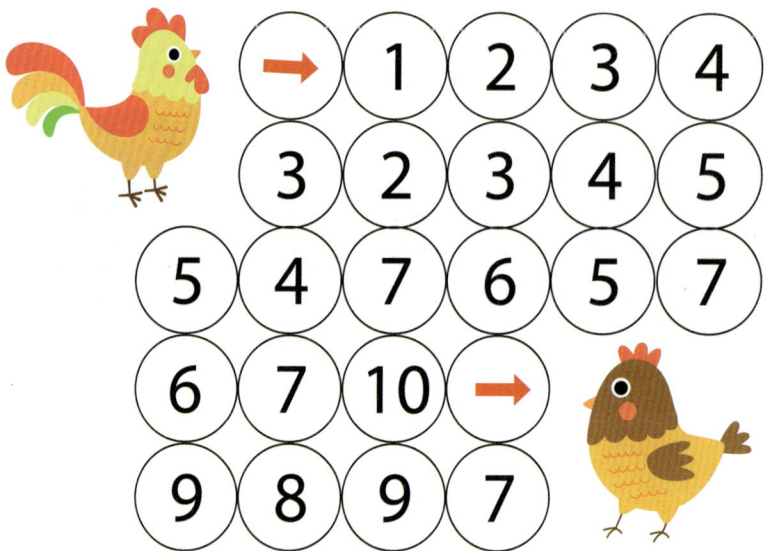

❶ 엔트리에서 [불러오기(▤ᐁ)]-[오프라인 작품 불러오기]를 클릭합니다. 이어서, [불러올 파일]-[CHAPTER 19]에서 '방 탈출 게임-1.ent' 파일을 불러옵니다.

❷ [게임 1] 장면을 선택합니다. 이어서, <오브젝트 추가하기> 단추를 클릭한 다음 [파일 올리기]에서 '문제1'을 선택하고 <추가하기> 단추를 클릭합니다.

※ 파일 경로 : [불러올 파일]-[CHAPTER 19]

❸ '설명1' 글상자를 추가하기 위해서 <오브젝트 추가하기> 단추를 클릭한 다음 [글상자]를 추가합니다.

※ 글상자 서식 : '설명1', 글꼴(나눔고딕), 진하게, 글꼴 색상(R: 0, G: 51, B: 0), 채우기 색상(없음), 여러 줄 쓰기
위치 및 크기 : x: 0, y: -100, 크기: 250

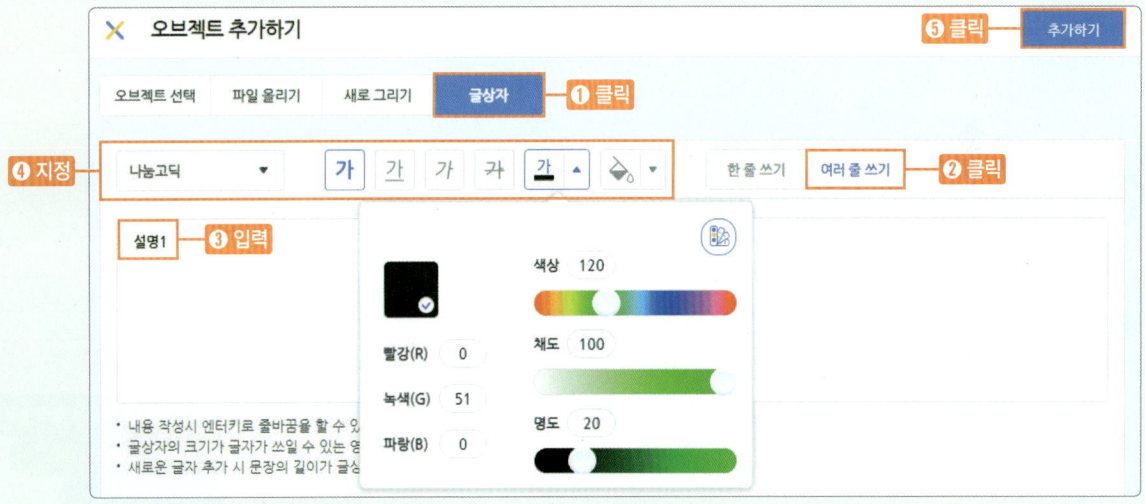

❹ 같은 방법으로 '입력1' 글상자를 추가합니다.

※ 글상자 서식 : 글꼴(나눔고딕), 채우기 색상(없음)
위치 및 크기 : x(300), y(0), 크기(10)

❺ '설명1' 오브젝트와 '입력1' 오브젝트는 다음과 같이 숨깁니다.

02 신호와 변수 추가하기

❶ 게임이 시작되면 문제에 대한 설명과 정답을 입력하고 다음 게임으로 넘어갈 수 있도록 [속성] 탭-[신호]를 클릭하고 <신호 추가하기> 단추를 클릭합니다.

※ 신호 : '설명', '입력', '게임1', '게임2', '게임3'

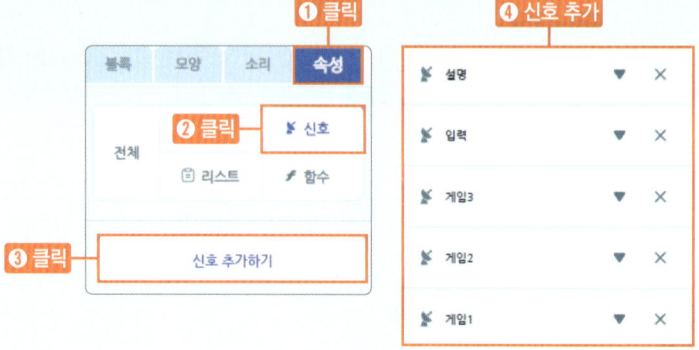

❷ 정답 입력값을 사용하기 위해 [속성] 탭-[변수]를 클릭하고 <변수 추가하기> 단추를 클릭합니다. 이어서, 변수는 모두 숨기기를 합니다.

※ 변수 : '정답1', '정답2', '정답3'

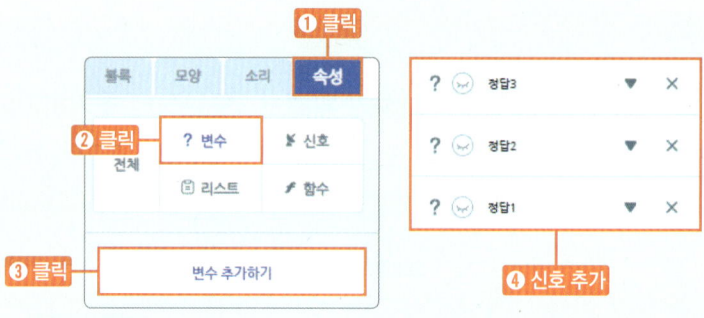

03 오브젝트에 블록코딩하기

❶ [게임1] 장면에서 '단색 배경' 오브젝트를 클릭합니다. 이어서, 시작되면 배경음으로 사용할 소리를 다음과 같이 추가하고 '설명' 신호를 보내는 블록코드를 만들어 봅니다.

※ 소리 : '마림바 10_시', '마림바 08_솔', '마림바 07_파', '마림바 09_라'

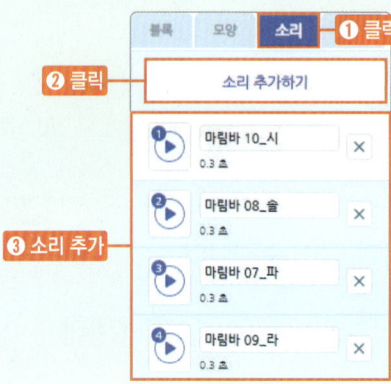

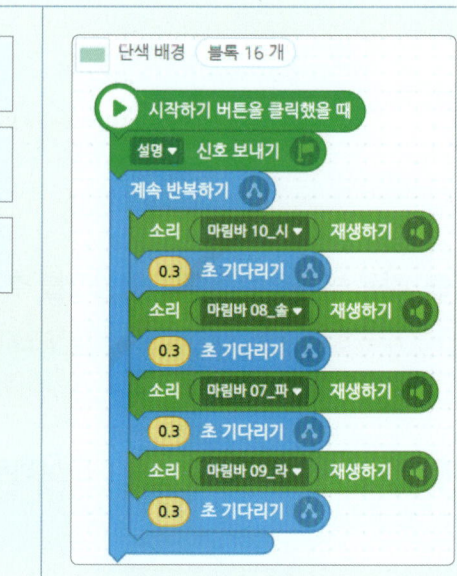

❷ '설명1' 오브젝트는 신호를 받았을 때 첫 번째 게임 방법과 비밀번호 획득 방법에 대한 설명을 나타낼 수 있도록 합니다. 설명이 끝나면 '입력' 신호를 보낼 수 있도록 블록 코드를 만들어 봅니다.

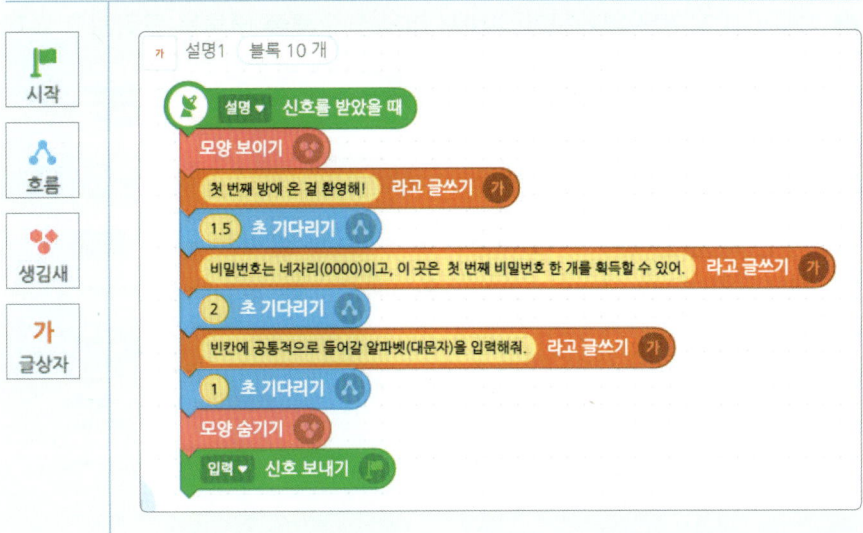

❸ '입력1' 오브젝트는 '입력' 신호를 받았을 때 정답을 입력할 수 있도록 하고 '게임1' 신호를 보내는 블록 코드를 만들어 봅니다.

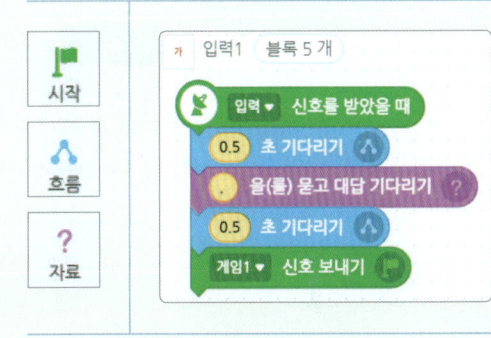

❹ '문제1' 오브젝트는 '게임1' 신호를 받았을 때 입력한 값이 정답이 맞으면 '게임2' 장면으로 이동하고 틀리면 재입력할 수 있도록 블록 코드를 만들어 봅니다.

HINT!
첫 번째 비밀번호는 "A"입니다. 입력값은 '정답1' 변수에 저장합니다.

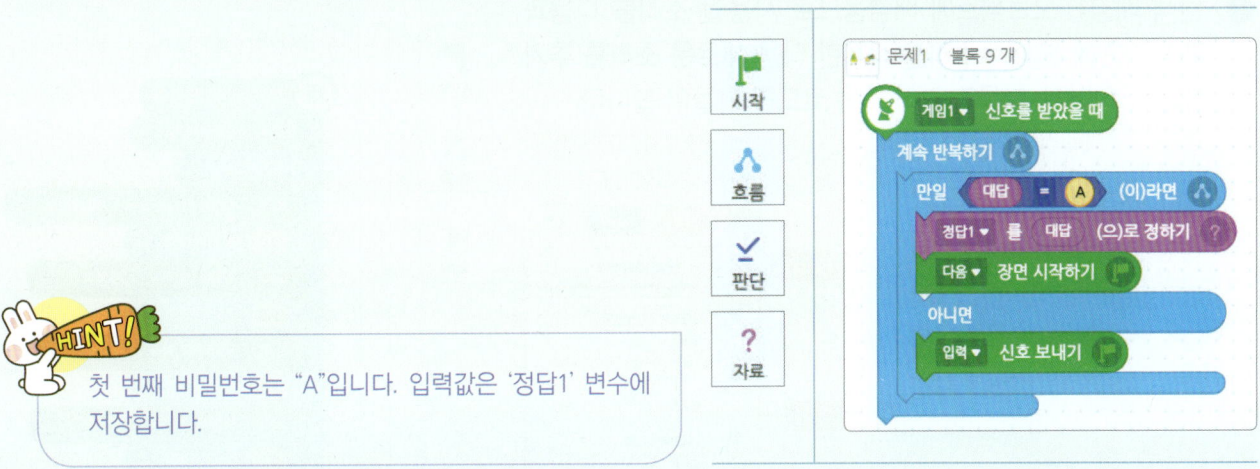

04 [게임 1] 장면 복제하고 [게임 2] 장면 만들기

① [게임 1] 장면을 복제하기 위해서 마우스 오른쪽 버튼을 클릭하고 복제하기를 선택합니다. 이어서, 복제된 장면의 이름을 '게임 2'로 입력합니다.

 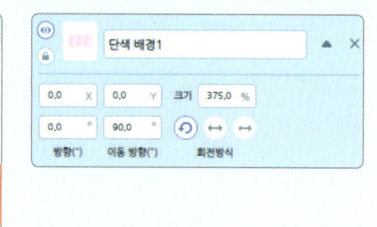

② [게임 2] 장면에서 '단색 배경1' 오브젝트를 클릭한 후, [모양] 탭을 클릭한 다음 '분홍색배경_1'을 클릭합니다.

③ 두 번째 문제로 바꾸기 위해서 '문제1' 오브젝트는 삭제한 다음 '문제2'를 추가합니다.

※ 파일 경로 : [불러올 파일]-[CHAPTER 19]

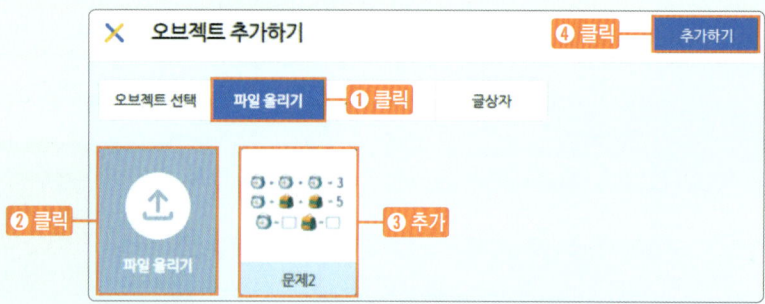 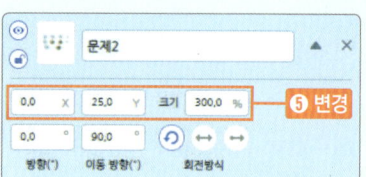

05 오브젝트에 블록코드 수정하기

① '단색 배경1' 오브젝트에 배경음으로 사용할 소리를 다음과 같이 기존에 복사된 소리를 삭제한 다음 새로운 소리를 추가합니다. 이어서, 다음과 같이 블록 코드를 만들어 봅니다.

※ 소리 : '마림바 11_높은도', '마림바 09_라', '마림바 07_파', '마림바 10_시',

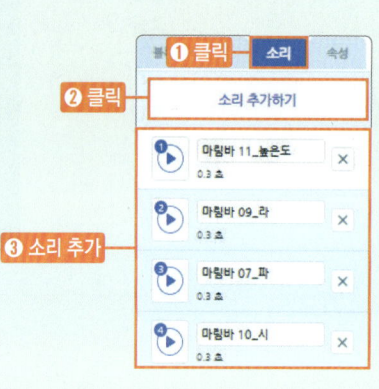 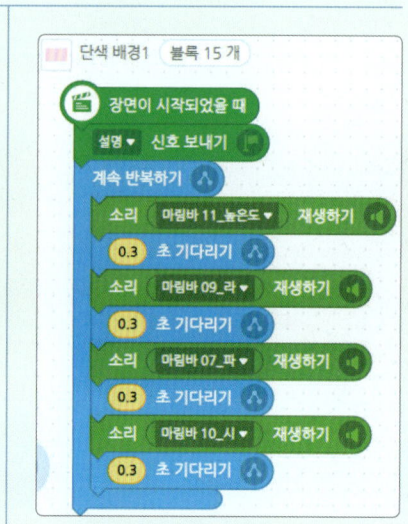

❷ '설명2' 오브젝트는 신호를 받았을 때 두 번째 게임 방법과 비밀번호 획득 방법에 대한 설명을 나타낼 수 있도록 합니다. 설명이 끝나면 '입력' 신호를 보낼 수 있도록 블록 코드를 만들어 봅니다.

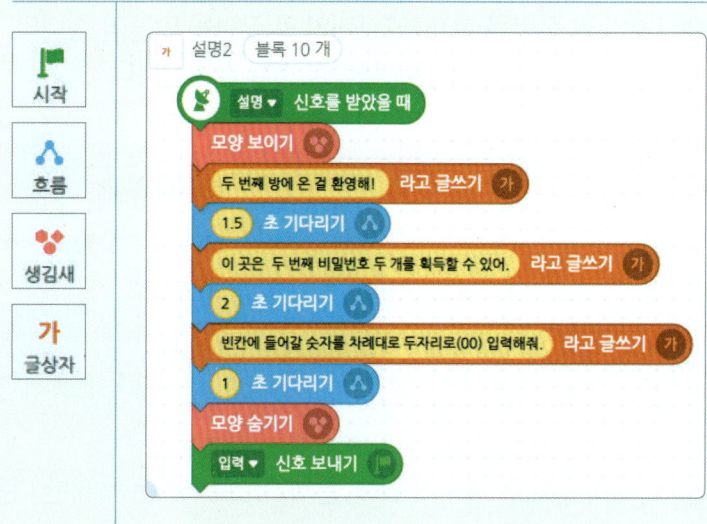

❸ '입력2' 오브젝트는 '입력' 신호를 받았을 때 정답을 입력할 수 있도록 하고 '게임2' 신호를 보내는 블록 코드를 만들어 봅니다.

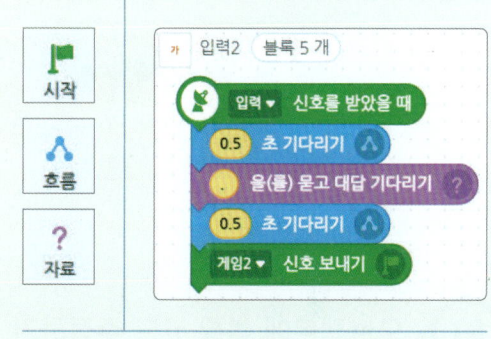

❹ '문제2' 오브젝트는 '게임2' 신호를 받았을 때 입력한 값이 정답이 맞으면 '게임3' 장면으로 이동하고 틀리면 재입력할 수 있도록 블록 코드를 만들어 봅니다.

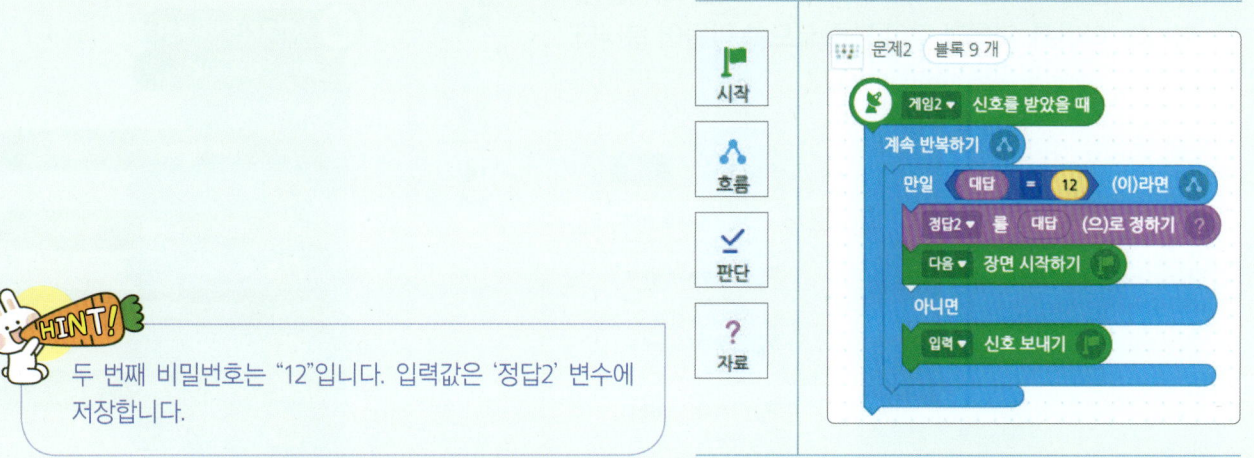

HINT! 두 번째 비밀번호는 "12"입니다. 입력값은 '정답2' 변수에 저장합니다.

06 ▶ [게임 2] 장면 복제하고 [게임 3] 장면 만들기

❶ [게임 2] 장면을 복제하고 [게임 3] 장면을 만들어 줍니다. 이어서, 배경을 바꾸기 위해 '단색 배경2' 오브젝트의 [모양] 탭에서 '연두색배경_1'을 클릭합니다.

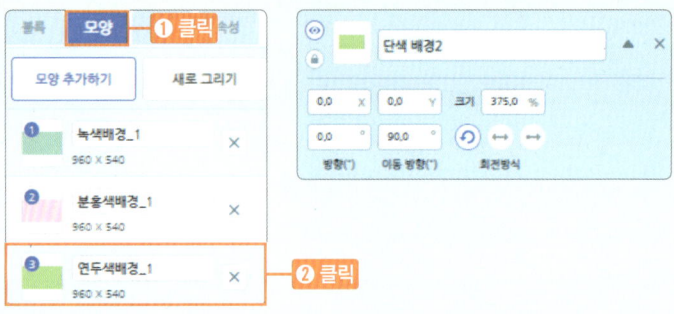

❷ 마지막 문제로 바꾸기 위해 '문제2' 오브젝트는 삭제한 다음 '문제3'을 추가합니다.

※ 파일 경로 : [불러올 파일]-[CHAPTER 19]

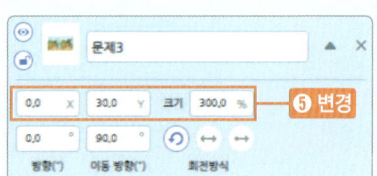

07 ▶ 오브젝트에 블록 코드 수정하기

❶ '단색 배경2' 오브젝트의 배경음으로 사용할 소리를 다음과 같이 기존에 복사된 소리를 식제하고 새로운 소리를 추가합니다. 이어서, 다음과 같이 블록 코드를 만들어 봅니다.

※ 소리 : '마림바 14_높은파', '마림바 12_높은레', '마림바 11_높은도', '마림바 13_높은미'

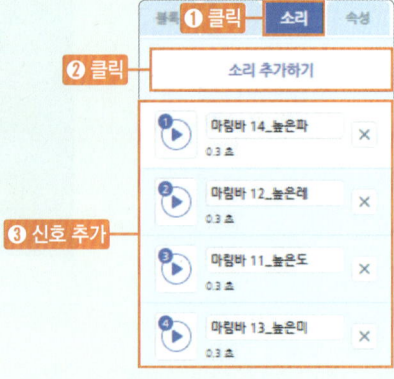
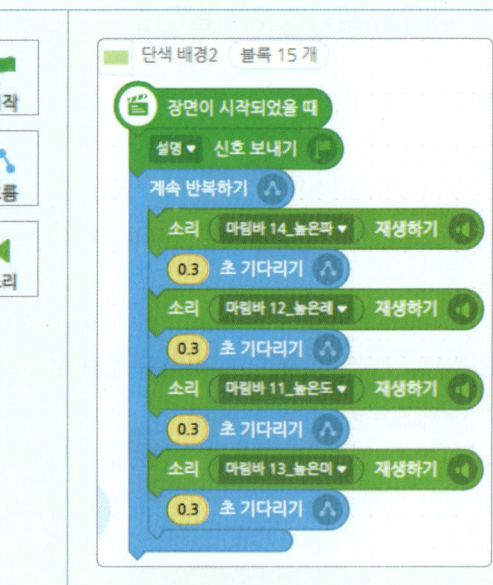

❷ '설명3' 오브젝트는 신호를 받았을 때 두 번째 게임 방법과 비밀번호 획득 방법에 대한 설명을 나타낼 수 있도록 합니다. 설명이 끝나면 '입력' 신호를 보낼 수 있도록 블록 코드를 만들어 봅니다.

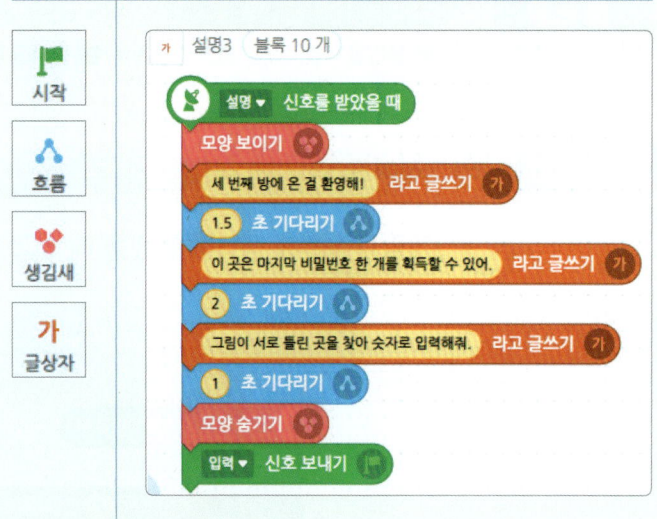

❸ '입력3' 오브젝트는 '입력' 신호를 받았을 때 정답을 입력할 수 있도록 하고, '게임3' 신호를 보내는 블록 코드를 만들어 봅니다.

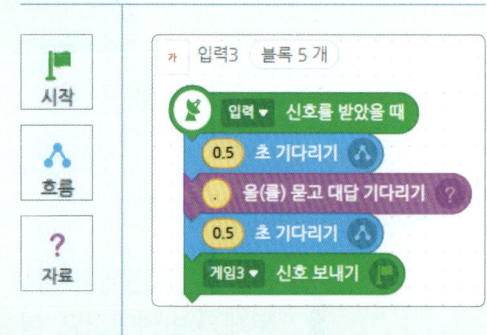

❹ '문제3' 오브젝트에 '게임3' 신호를 받았을 때 입력한 값이 정답이 맞으면 '종료' 장면으로 이동하고, 틀리면 재입력할 수 있도록 블록 코드를 만들어 봅니다.

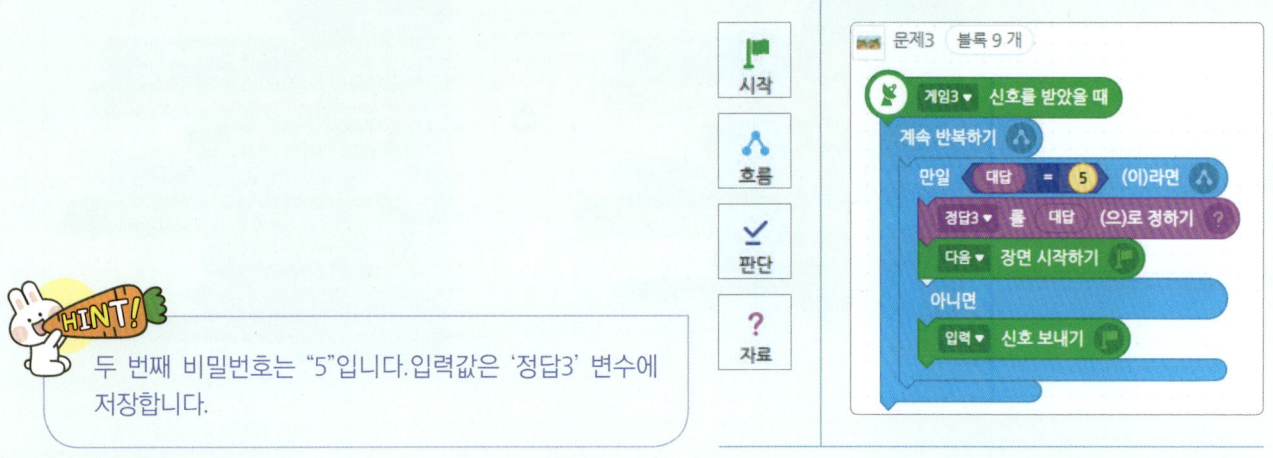

HINT!

두 번째 비밀번호는 "5"입니다. 입력값은 '정답3' 변수에 저장합니다.

❺ ▶ 시작하기 단추를 클릭하여 동작이 되는지 확인합니다.

문제해결능력 **미션 수행하기**

■ 불러올 파일 : 19장_미션 수행.ent ■ 완성된 파일 : 19장_미션 수행(완성).ent

01 업그레이드

■ [게임1] 장면에 정답이 틀렸을 때 효과음으로 사용할 소리를 추가하여 재생시켜 보세요.

┌ 예시 ┐

02 디버그

■ [게임1] 장면에서 답이 틀렸으면 정답이 될 때까지 계속 위험 경고음이 계속 울리는 문제가 발생했어요. 블록 코드 한 개만 추가하면 해결될 수 있어요. 알맞은 블록 코드를 찾아 추가해 주세요.

방 탈출 게임 - 2

📘 불러올 파일 : 방 탈출 게임-2.ent   📗 완성된 파일 : 방 탈출 게임-2(완성).ent

이런걸 배워요!

- 어떤 게임인지 한눈에 알아볼 수 있도록 오브젝트, 신호, 소리를 추가하고 사용 방법을 알아봅니다.
- 게임 결과(성공)에 따라 복제본 만들기 블록 코드와 랜덤(무작위 수)으로 오브젝트를 생성하는 방법을 알아봅니다.

▼ 완성 영상 미리보기

이번 시간 등장요소

게임 첫 화면

엔트리봇이 걸어가다가 하늘색 구멍으로 사라지면서 게임이 시작됨.

게임 종료 화면

게임을 모두 통과하면 '탈출 성공' 메시지와 풍선이 나타나 터지면서 코인이 하늘에서 비처럼 쏟아져 내림.

게임 시간 / 점수 / 종료

시간 무제한 게임으로 점수를 책정하지 않고 비밀번호를 모두 맞추면 상금을 받고 종료됨.

문제 해결마법사

미로 게임 출발 지점에서 도착 지점까지 선을 그려봅니다.

01 [첫 화면] 장면 만들기

❶ 엔트리에서 [불러오기(▤▾)]–[오프라인 작품 불러오기]를 클릭합니다. 이어서, [불러올 파일]–[CHAPTER 20]에서 '방 탈출 게임-2.ent' 파일을 불러옵니다.

❷ [첫 화면] 장면에서 <오브젝트 추가하기> 단추를 클릭한 다음 [오브젝트 추가하기] 대화상자에서 [글 상자]를 선택합니다. 이어서, '방 탈출 게임'을 입력한 다음 서식과 위치를 조정합니다.

  ※ 글상자 서식 : 글꼴(산돌 별이샤방샤방), 글꼴 색상(R: 255, G: 223, B: 128), 채우기 색상(없음)
    위치 및 크기 : x(0), y(90), 크기(160)

❸ <오브젝트 추가하기> 단추를 클릭한 다음 [오브젝트 추가하기] 대화상자에서 '나빠요'를 검색합니다. 이어서, '나빠요(1)'를 선택하고 <추가하기> 단추를 클릭합니다.

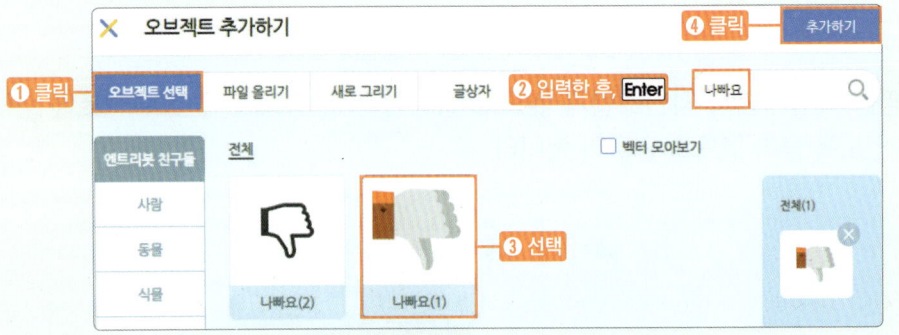

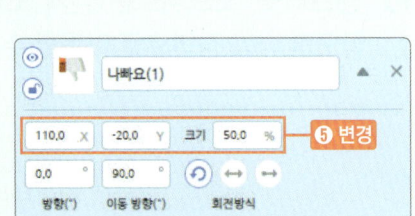

02 신호 추가하기

❶ [종료] 장면에서 게임을 시작하고 풍선이 터지면 서 코인을 선물로 받을 때 사용될 신호를 만들 수 있도록 [속성] 탭–[신호]를 클릭하고 <신호 추가하기>를 클릭합니다.

  ※ 신호 : '시작', '풍선', '코인'

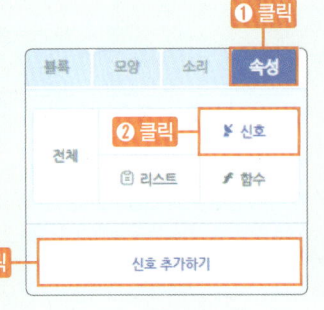

03 오브젝트에 블록 코딩하기

❶ [첫 화면] 장면에서 '방 탈출 게임' 오브젝트를 클릭합니다.
이어서, 시간에 따른 글쓰기를 하는 블록 코드를 만들어 봅니다.

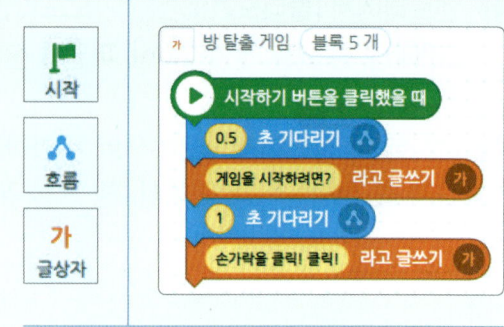

❷ '나빠요(1)' 오브젝트는 오브젝트가 위·아래로 움직이며 반복하고 오브젝트를 클릭하면 시작 신호를 보낼수 있도록 블록 코드를 만들어 봅니다.

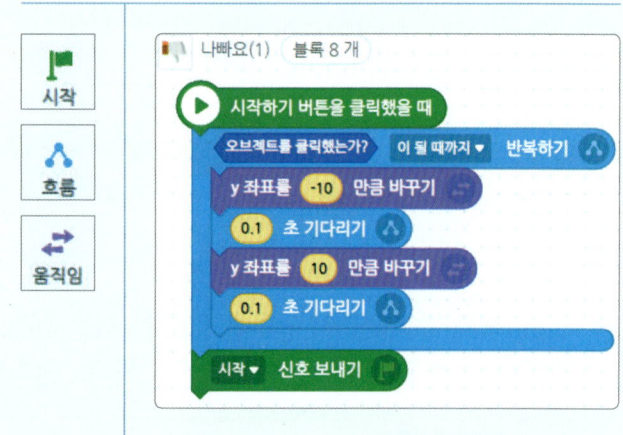

❸ '엔트리봇' 오브젝트는 걷기 모양을 바꿔가면서 자연스럽게 앞으로 걸어가다가 '나빠요(1)' 오브젝트에닿으면 다음 장면으로 이동할 수 있도록 블록 코드를 만들어 봅니다.

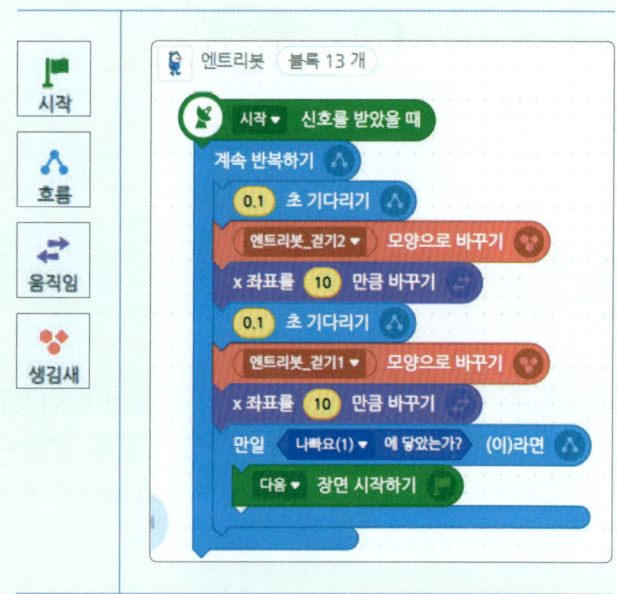

04 ▶ [종료] 장면 만들기

❶ [종료] 장면에서 <오브젝트 추가하기> 단추를 클릭한 다음 [오브젝트 추가하기] 대화상자에서 [글상자]를 선택합니다. 이어서, '탈출 성공!'을 입력한 다음 서식과 위치를 조정합니다.

※ 글상자 서식 : 글꼴(나눔고딕), 진하게, 글꼴 색상(R: 255, G: 0, B: 0), 채우기 색상(없음)

  위치 및 크기 : x(0), y(0), 크기(160)

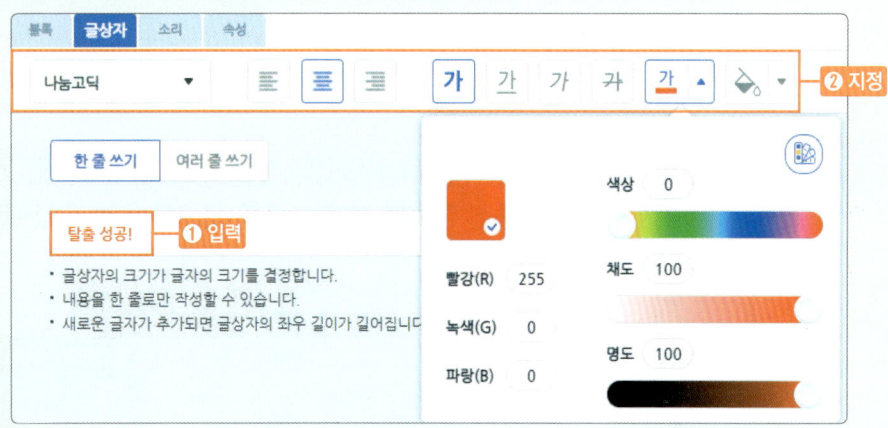

❷ <오브젝트 추가하기> 단추를 클릭한 다음 [오브젝트 추가하기] 대화상자에서 '풍선'을 검색합니다. 이어서, 풍선을 선택하고 <추가하기> 단추를 클릭합니다. 이어서, 위치와 크기를 변경합니다.

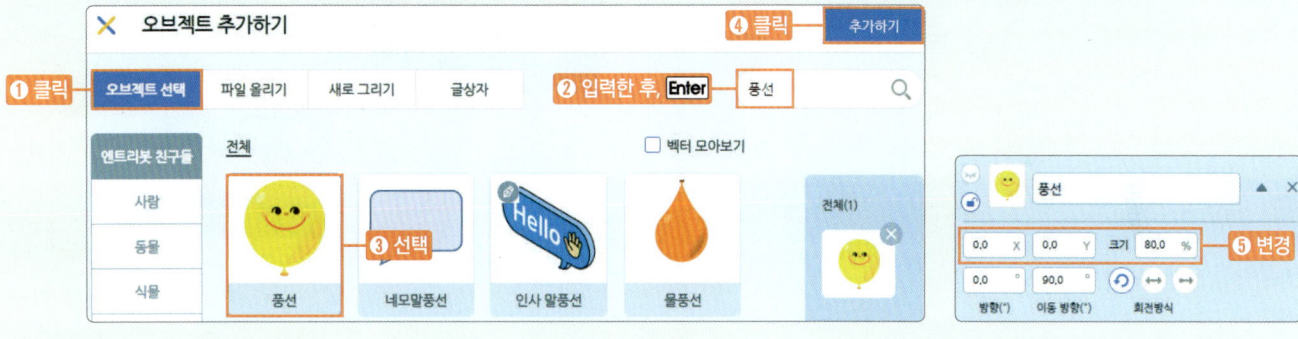

❸ <오브젝트 추가하기> 단추를 클릭한 다음 [오브젝트 추가하기] 대화상자에서 '코인'을 검색합니다. 이어서, 엔트리봇 코인을 선택하고 <추가하기> 단추를 클릭합니다. 이어서, 위치와 크기를 변경합니다.

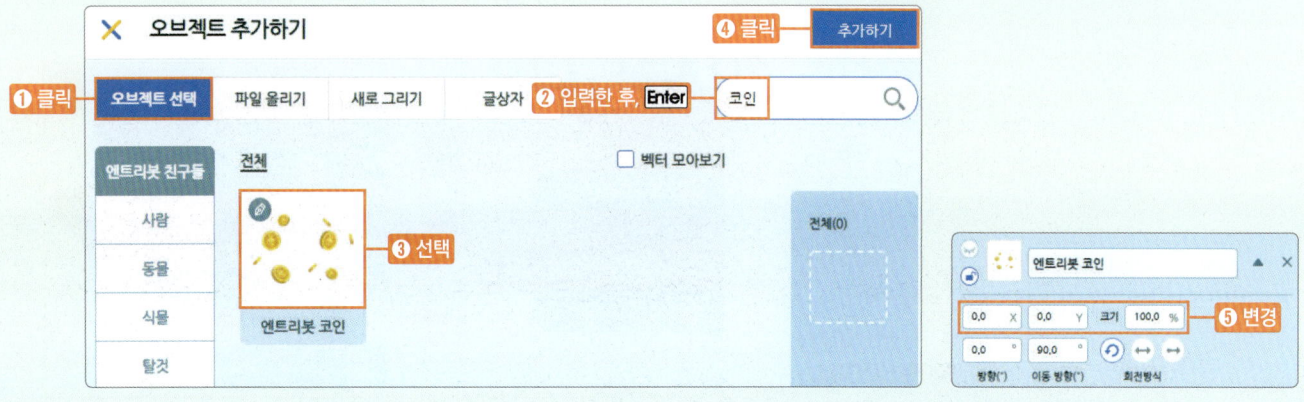

④ '천국' 오브젝트를 클릭한 다음 장면이 시작되었을 때 배경이 반짝반짝 하는 밝기 효과를 줄 수 있도록 블록 코드를 만들어 봅니다.

⑤ '글상자' 오브젝트는 크기가 커졌다 작아졌다 반복하는 블록 코드를 만들고 '선물을 준비했어'라는 텍스트가 나타났다 사라지면서 풍선 신호를 보내는 블록 코드를 만들고 연결합니다.

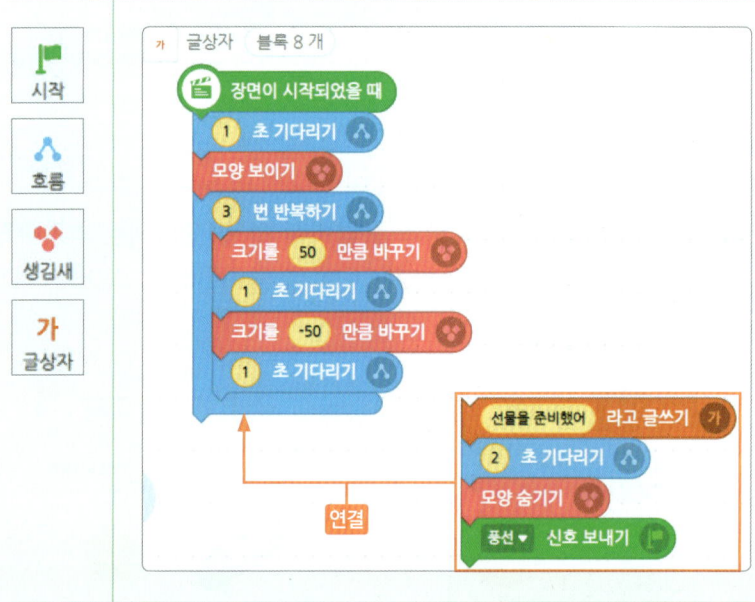

⑥ '풍선' 오브젝트는 모양이 점점 커지면서 풍선이 터지는 모양까지 바뀔 수 있도록 하고 코인 신호를 보낼 수 있도록 블록 코드를 만들어 봅니다.

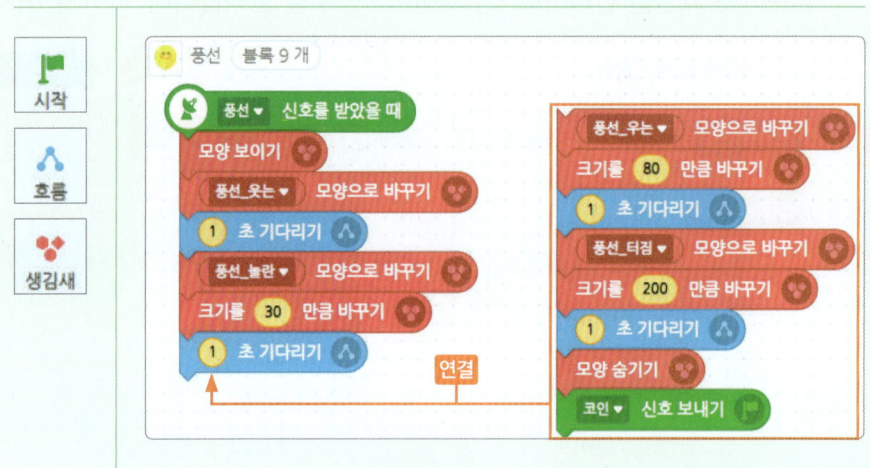

❼ '엔트리봇 코인' 오브젝트는 풍선이 터지면 코인이 하늘에서 무작위로 쏟아져 내릴 수 있도록 블록 코드를 만들어 봅니다.

❽ [게임1] 장면의 모든 오브젝트는 [시작하기 버튼을 클릭했을 때] 블록 코드를 [장면이 시작되었을 때] 블록 코드로 변경해주세요.

❾ ▶ 시작하기 단추를 클릭하여 장면 전환과 동작이 되는지 확인합니다.

문제해결능력 미션 수행하기

■ 불러올 파일 : 20장_미션 수행.ent   ■ 완성된 파일 : 20장_미션 수행(완성).ent

01 업그레이드

■ [첫 화면] 장면에서 배경음으로 사용할 소리를 2개 추가하여 다음 블록을 조립하여 재생시켜 봅니다.

┌ 예시 ┐

02 디버그

■ [게임1] 장면에서 답이 틀렸을 때 위험 경고음이 울리도록 했는데 [게임2], [게임3] 장면에서는 울리지 않는 문제가 발생했어요. 모든 [게임1], [게임2], [게임3] 장면에 모두 답이 틀리면 위험 경고음이 울릴 수 있도록 해결해 주세요.

CHAPTER 21

미로 게임 - 1

📁 **불러올 파일 :** 미로 게임-1.ent   📁 **완성된 파일 :** 미로 게임-1(완성).ent

이런걸 배워요!

- 오브젝트와 신호, 변수, 소리를 추가하고 사용 방법을 알아봅니다.
- 조건문과 반복문을 사용하여 오브젝트의 이동 방향, 위치, 모양을 변경하는 방법을 알아봅니다.
- 초시계와 변수로 제한시간을 설정하는 방법을 알아봅니다.

▼ 완성 영상 미리보기

이번 시간 등장요소

게임 1단계 : 난이도(하), 제한 시간(10초)

보라색 스마일 이모티콘을 방향키로 이동하며 미로에 닿지 않고 다음 단계로 넘어감.

게임 2단계 : 난이도(중), 제한 시간(20초)

보라색 스마일 이모티콘을 방향키로 이동하며 미로에 닿지 않고 다음 단계로 넘어감.

게임 3단계 : 난이도(상), 제한 시간(30초)

보라색 스마일 이모티콘을 방향키로 이동하며 미로에 닿지 않고 다음 단계로 넘어감.

게임 시간 및 종료

단계별로 정해진 시간 내에 미로를 탈출하면 게임이 종료됨. 제한 시간을 넘기면 게임을 다시 시작함.

문제 해결마법사   왼쪽 그림과 똑같은 그림자를 찾아서 표시해 봅니다.

01 오브젝트 불러오기와 편집

❶ 엔트리에서 [불러오기( )]–[오프라인 작품 불러오기]를 클릭합니다. 이어서, [불러올 파일]–[CHAPTER 21]에서 '미로 게임-1.ent' 파일을 불러옵니다.

❷ [1단계] 장면에서 <오브젝트 추가하기> 단추를 클릭한 다음 '흙', '미로(1)', '[묶음]이모티콘', '[묶음] 다음 버튼'을 검색하고 <추가하기> 단추를 클릭합니다. 이어서, 오브젝트의 위치와 크기를 다음과 같이 변경합니다.

※ '[묶음] 이모티콘'의 모양은 '이모티콘(1)_3'을 선택합니다.

오브젝트 추가

오브젝트	X좌표	Y좌표	크기
흙	0	0	375
미로(1)	0	0	375
[묶음]이모티콘	-210	110	20
[묶음] 다음 버튼	200	-110	30

02 변수와 신호 추가하기

❶ 제한 시간 값을 사용하기 위해서 [속성] 탭–[변수]를 클릭하고 <변수 추가하기>를 클릭합니다.

※ 변수 : '제한시간'

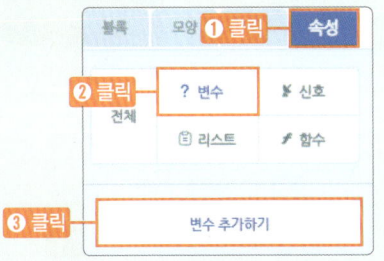

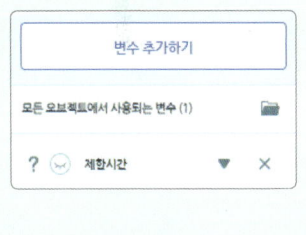

❷ 단계별 게임의 시작 대한 신호를 주기 위해서 [속성] 탭–[신호]를 클릭하고 <신호 추가하기>를 클릭합니다.

※ 신호 : '1단계', '2단계', '3단계'

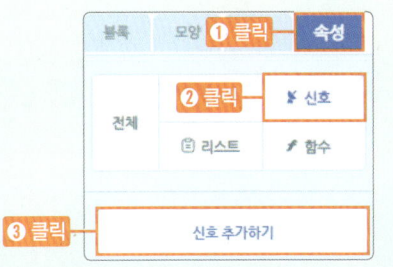

❶ '흙' 오브젝트는 시작하기 버튼을 클릭했을 때 배경음으로 사용할 소리를 추가하고 '1단계' 신호를 보낼 수 있도록 다음과 같이 블록 코드를 만들어 봅니다.

※ 소리 : '라이드 심벌'

❷ '미로(1)' 오브젝트는 '1단계' 신호를 받았을 때 미로가 나타나고 초시계가 시작됩니다. '제한시간' 변수를 10초로 설정하고 미로에 닿으면 처음부터 다시 시작할 수 있도록 블록 코드를 만들어 봅니다.

❸ '[묶음] 이모티콘' 오브젝트는 방향키로 움직이도록 다음과 같이 블록 코드를 만들어 봅니다.

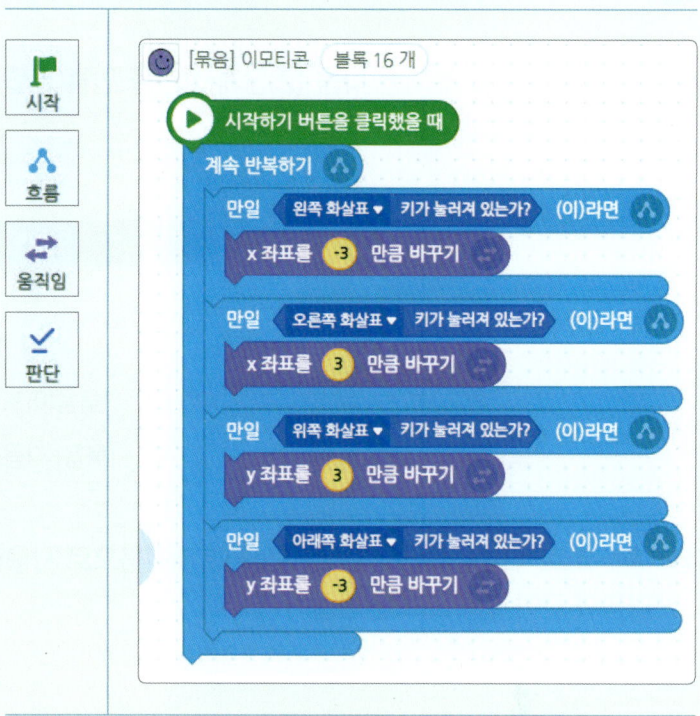

❹ '[묶음] 이모티콘' 오브젝트는 움직이다가 미로에 닿으면 다시 시작하고 '[묶음] 다음 버튼' 오브젝트에 닿으면 2단계로 넘어가도록 다음과 같이 블록 코드를 만들어 봅니다.

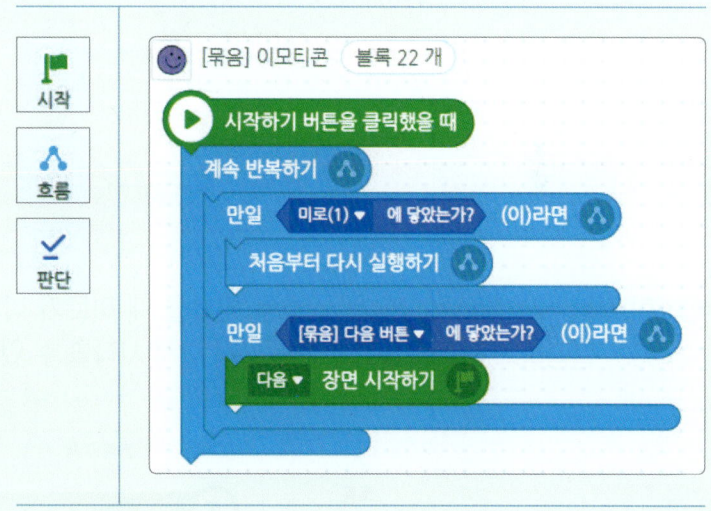

❶ [1 단계] 장면을 복제한 다음 [2 단계]장면을 만들어 줍니다. 이어서, 다음과 같이 '미로(4)' 오브젝트를 추가하고 크기와 위치를 변경합니다.

   ※ 미로만 바뀌고 다른 오브젝트는 동일합니다.

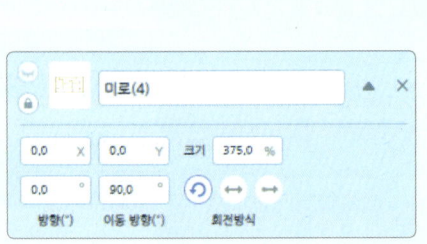

오브젝트	X좌표	Y좌표	크기
흙1	0	0	375
미로(4)	0	0	375
[묶음]이모티콘1	−210	110	20
[묶음] 다음 버튼1	200	−110	30

❷ '흙1' 오브젝트는 장면이 시작되었을 때 배경음으로 사용할 소리를 추가하고 2단계 신호를 보낼 수 있도록 다음과 같이 블록 코드를 만들어 봅니다.

   ※ 소리 : '열린 하이햇 (치)', '스네어 드럼2 (타)'

❸ '미로(4)' 오브젝트는 '2단계' 신호를 받았을 때 미로가 나타나고 초시계가 시작됩니다. '제한시간' 변수를 20초 설정하고 미로에 닿으면 처음부터 다시 시작할 수 있도록 다음과 같이 블록 코드를 수정합니다.

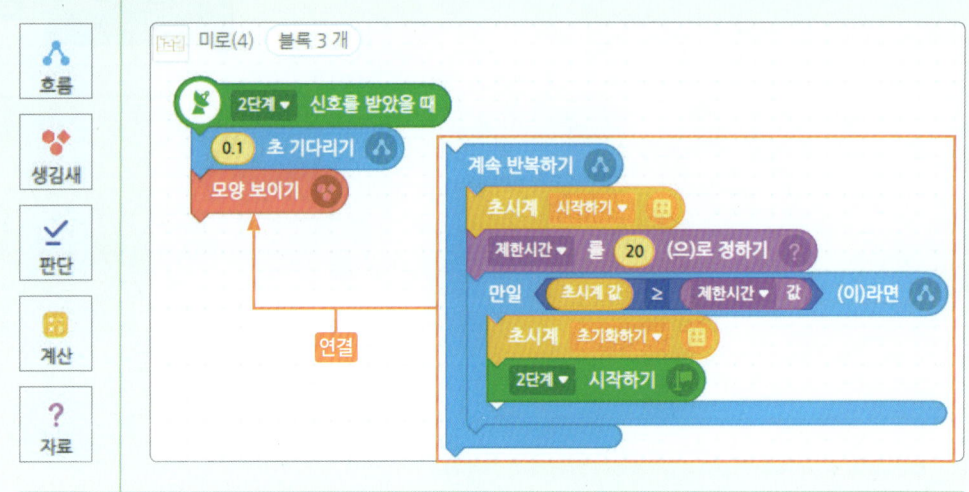

❹ '[묶음] 이모티콘1' 오브젝트를 클릭합니다. 이어서, 장면이 시작되었을 때 움직이다가 미로에 닿으면 다시 시작하고 '[묶음] 다음 버튼1' 오브젝트에 닿으면 3단계로 넘어가도록 다음과 같이 블록 코드를 수정합니다.

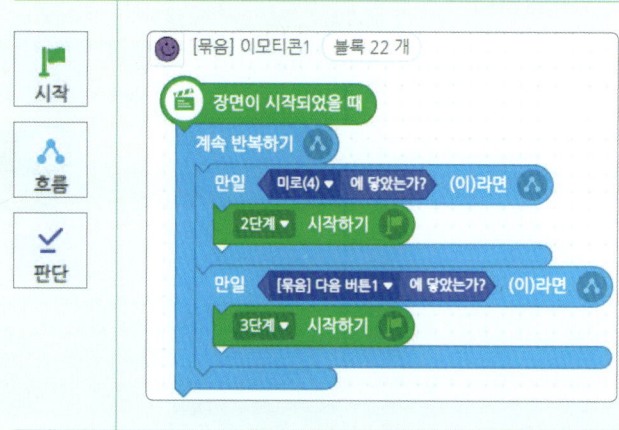

---

05 [3 단계] 장면 오브젝트에 블록 코딩하기

❶ [2 단계] 장면을 복제한 다음 [3 단계] 장면을 만들어 줍니다. 이어서, 다음과 같이 '미로 3단계' 오브젝트를 추가하고 크기와 위치를 변경합니다.

※ **파일 경로** : [불러올 파일]–[CHAPTER 21]

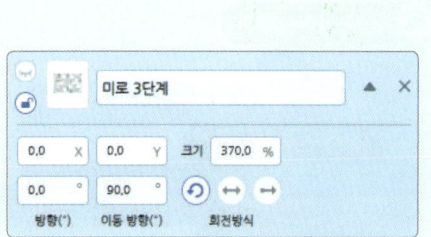

오브젝트	X좌표	Y좌표	크기
흙2	0	0	375
미로 3단계	0	0	375
[묶음]이모티콘2	−210	110	20
[묶음] 다음 버튼2	200	−110	30

❷ '흙2' 오브젝트는 장면이 시작되었을 때 배경음으로 사용할 소리를 추가하고 3단계 신호를 보낼 수 있도록 다음과 같이 블록 코드를 만들어 봅니다.

※ **소리** : '가장 큰 탐탐', '작은 탐탐'

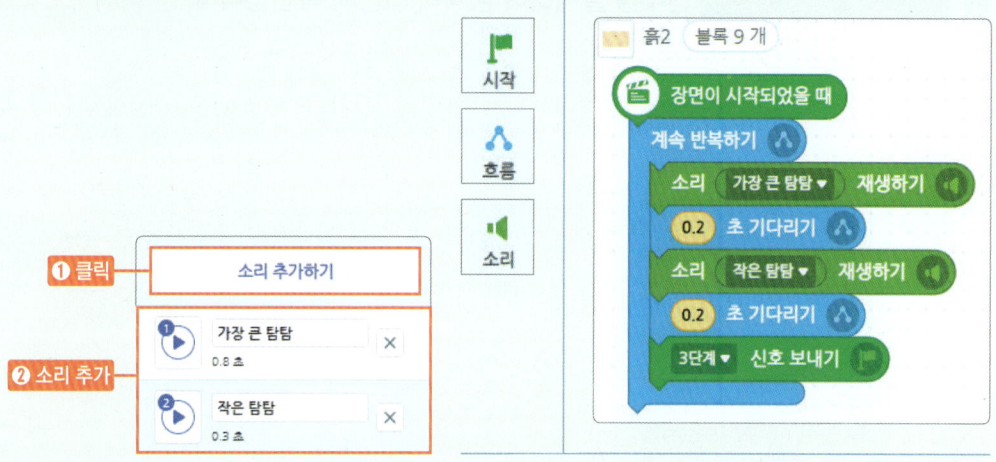

❸ '미로 3단계' 오브젝트는 '3단계' 신호를 받았을 때 미로가 나타나고 초시계가 시작됩니다. 이어서, '제한 시간' 변수를 30초 설정하고 미로에 닿으면 처음부터 다시 시작할 수 있도록 다음과 같이 블록 코드를 수정합니다.

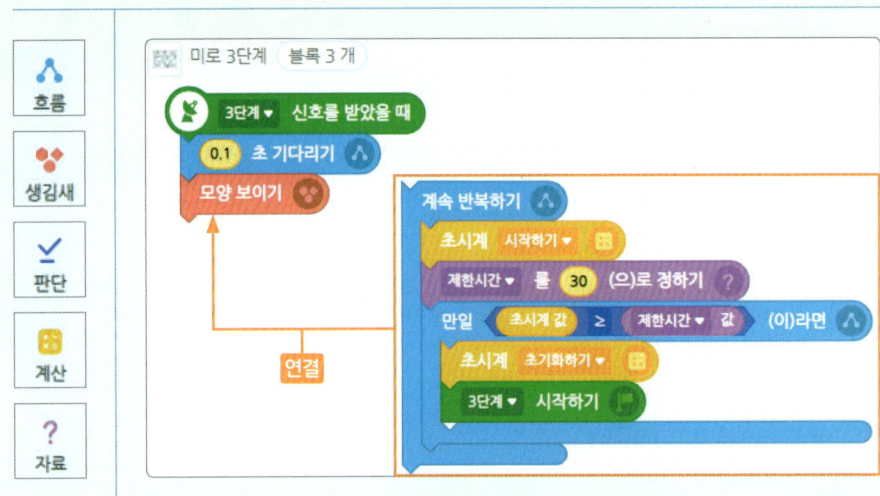

❹ '[묶음] 이모티콘2' 오브젝트는 장면이 시작되었을 때 움직이다가 미로에 닿으면 다시 시작하고, '[묶음] 다음 버튼2' 오브젝트에 닿으면 종료 장면으로 넘어가도록 다음과 같이 블록 코드를 수정합니다.

※ 방향키로 움직이는 블록코드는 1, 2, 3단계 미로가 모두 같아서 수정하지 않도록 합니다.

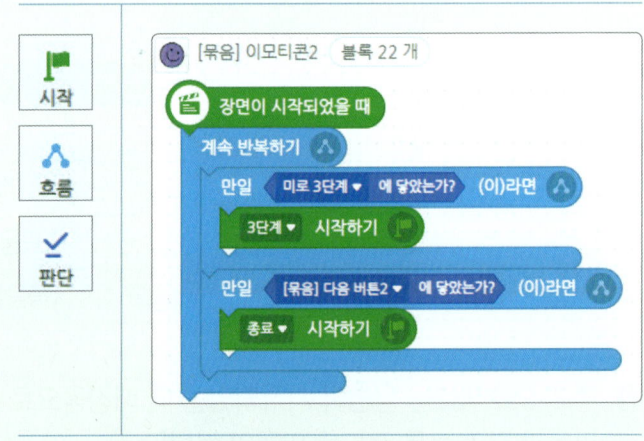

❺ ▶ 시작하기 단추를 클릭하여 동작이 되는지 확인합니다.

문제해결능력 **미션 수행하기**

■ 불러올 파일 : 21장_미션 수행.ent ■ 완성된 파일 : 21장_미션 수행(완성).ent

01 디버그

■ 단계로 넘어갈 때 초시계가 다시 시작되지 않고 계속 흘러가는 문제가 발생했어요. 제한 시간이 단계별로 다시 시작될 수 있도록 해결해 봅니다.

02 업그레이드

■ 단계별 제한 시간을 다르게 설정하여 더욱 재밌는 게임이 될 수 있도록 수정해 보세요.

┌ 예시 ┐

CHAPTER 22

미로 게임 - 2

■ 불러올 파일 : 미로 게임-2.ent   ■ 완성된 파일 : 미로 게임-2(완성).ent

이런걸 배워요!

- 어떤 게임인지 한눈에 알아볼 수 있도록 오브젝트를 추가하는 방법을 알아봅니다.
- 게임 결과(성공)에 따라 오브젝트의 행동을 다르게 표현하는 방법을 알아봅니다.

▼ 완성 영상 미리보기

이번 시간 등장요소

게임 첫 화면

소리를 추가하여 배경 음악을 만들고 미로 배경이 사라졌다 나타나기를 반복하여 생동감 있게 함.
시작하기 오브젝트로 게임을 시작함.

게임 종료 화면

3단계의 미로를 통과하면 엔트리봇이 뛰면서 즐거워함.
엔트리봇 뒤로는 빛나는 효과의 크기를 변경하여 생동감 있게 표현함.

게임 시간 및 종료

단계별로 정해진 시간 내에 미로를 탈출하면 게임이 종료됨.
제한 시간을 넘기면 게임을 다시 시작함. 점수는 없음.

문제 해결마법사   다음 그림을 보고 같은 모양의 돼지를 연결해 봅니다.

●   ●   ●   ●

●   ●   ●   ●

  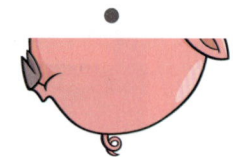 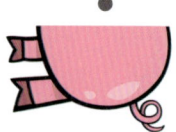

⬤1 ▶ [첫 화면] 장면 만들기

❶ 엔트리에서 [불러오기(▤▾)]-[오프라인 작품 불러오기]를 클릭합니다. 이어서, [불러올 파일]-[CHAPTER 22]에서 '미로 게임-2.ent' 파일을 불러옵니다.

❷ [첫 화면] 장면에서 오브젝트 추가하기를 사용하여 '미로배경', '시작하기', '제목'을 추가합니다.

   ※ 파일 경로 : [불러올 파일]-[CHAPTER 22]

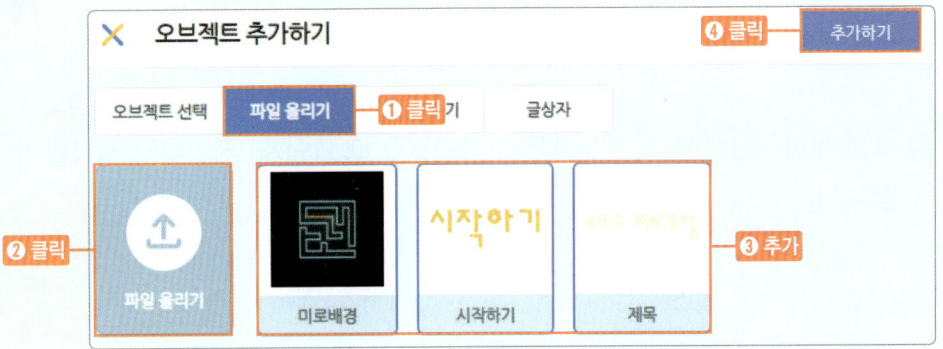

❸ 추가된 오브젝트의 위치와 크기를 다음과 같이 변경합니다.

오브젝트	X좌표	Y좌표	크기
제목	0	85	220
시작하기	0	–100	80
미로배경	0	0	300

❹ '단색 배경' 오브젝트에 시작하기 버튼을 클릭했을 때 배경음으로 사용할 소리를 추가하고 다음과 같이 블록 코드를 만들어 봅니다.

   ※ 소리 : '카우벨'

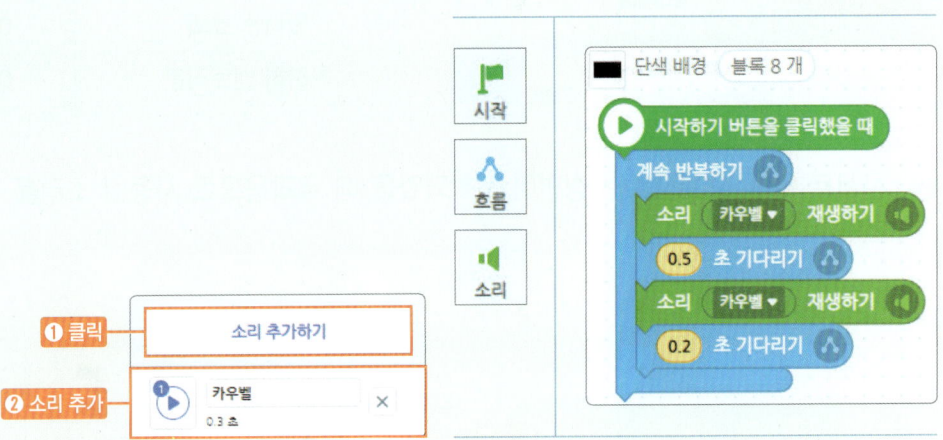

⑤ '미로배경' 오브젝트는 투명도를 조절하여 사라졌다 나타날 수 있도록 블록 코드를 만들어 봅니다.

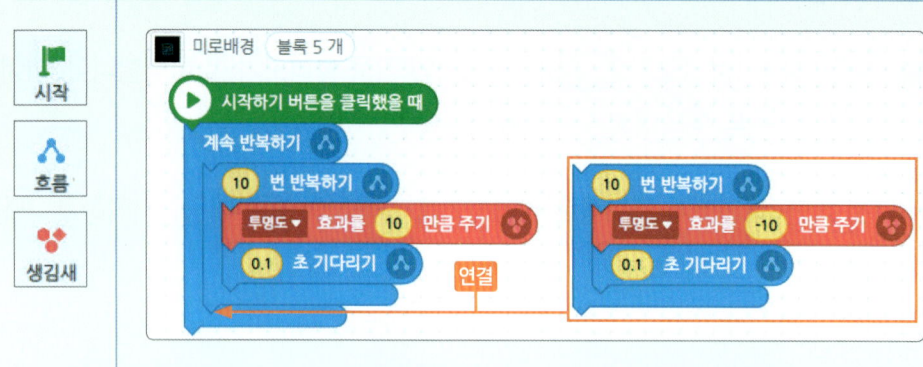

⑥ '시작하기' 오브젝트는 오브젝트를 클릭했을 때 [1단계] 게임부터 시작될 수 있도록 블록 코드를 만들어 봅니다.

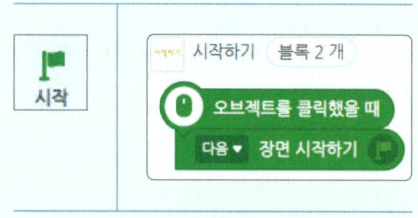

02 ▶ [종료] 장면 만들기

① [종료] 장면에서 '콘서트 무대', '빛나는 효과', '하하하 엔트리봇'을 추가합니다. 이어서, 오브젝트의 위치와 크기를 다음과 같이 조정합니다.

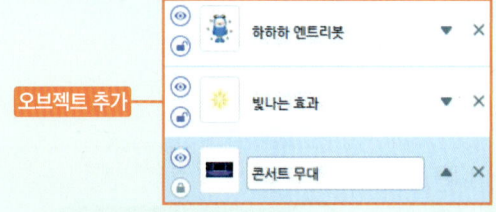

오브젝트	X좌표	Y좌표	크기
콘서트 무대	0	0	375
빛나는 효과	0	0	50
하하하 엔트리봇	0	0	100

② '콘서트 무대' 오브젝트는 장면이 시작되었을 때 효과음으로 사용할 소리를 추가하고 다음과 같이 블록 코드를 만들어 봅니다.

※ 소리 : '박수갈채'

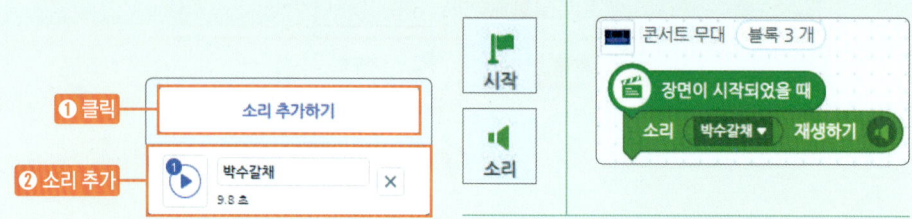

❸ '빛나는 효과' 오브젝트는 크기를 변경하여 커졌다가 작아졌다를 반복해서 바뀌도록 블록 코드를 만들어 봅니다.

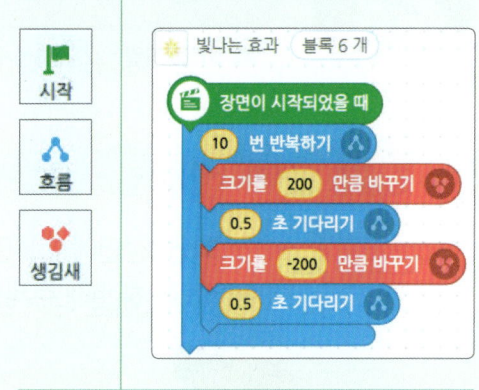

❹ '하하하 엔트리봇' 오브젝트는 y좌표를 변경하여 오브젝트가 위쪽과 아래로 움직일 수 있도록 블록 코드를 만들어 봅니다.

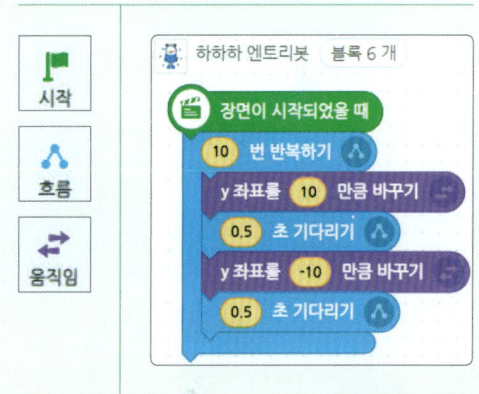

❺ ▶ 시작하기 단추를 클릭하여 장면 전환과 동작이 되는지 확인합니다.

문제해결능력 **미션 수행하기**

■ 불러올 파일 : 22장_미션 수행.ent   ■ 완성된 파일 : 22장_미션 수행(완성).ent

01 디버그

■ [첫 화면] 장면에서 [1단계] 장면으로 넘어갈 수 없는 문제가 발생했어요. 게임을 시작할 수 있도록 해결해 주세요.

HINT! '흙', '[묶음] 이모티콘' 오브젝트의 블록 코드를 확인해 주세요.

02 업그레이드

■ [첫 화면] 장면과 [종료] 장면은 초시계가 안보이고 1~3단계 장면에서는 초시계가 보이도록 블록 코드를 수정해 보세요.

┌ 예시 ┐

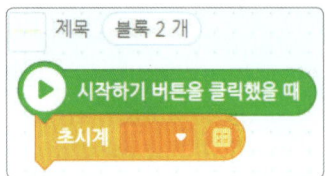

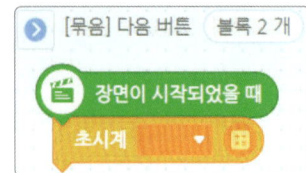

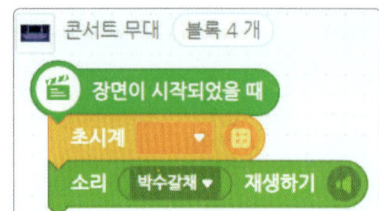

자동차 운전면허 기능시험 - 1

■ 불러올 파일 : 자동차 운전면허 기능시험-1.ent   ■ 완성된 파일 : 자동차 운전면허 기능시험-1(완성).ent

이런걸 배워요!

- 오브젝트와 신호, 변수, 초시계를 추가하고 사용 방법을 알아봅니다.
- 조건문과 반복문을 사용하여 오브젝트의 이동 방향, 위치, 모양을 변경하는 방법을 알아봅니다.

▼ 완성 영상 미리보기

이번 시간 등장요소

게임 요소1 : 직진 코스

제한 시간 없이 빨간 자동차 오브젝트가 직진 코스 도로를 이동하여 통과하면 점수 획득함.

게임 요소2 : T 코스

제한 시간 없이 빨간 자동차 오브젝트가 T 코스 도로를 이동하여 보라색 판까지 들어갔다가 다시 나와 통과하면 점수 획득함.

게임 요소3 : 주차 코스

제한 시간 없이 빨간 자동차 오브젝트가 직진 코스 도로를 이동하여 보라색 판까지 일자로 주차하였다가 다시 나와 통과하면 점수 획득함.

게임 시간 및 종료

코스별로 점수를 획득하여 총 50점을 획득하면 라이센스가 발급되고 미달하면 라이센스를 발급하지 않음.

 문제 해결마법사   다음 그림을 보고 같은 모양의 그림자를 연결해 봅니다.

01 오브젝트 불러오기와 편집

❶ 엔트리에서 [불러오기(▤▾)]-[오프라인 작품 불러오기]를 클릭합니다. 이어서, [불러올 파일]-[CHAPTER 23]에서 '자동차 운전면허 기능시험-1.ent' 파일을 불러옵니다.

❷ [직진 코스] 장면에서 '빨간 자동차' 오브젝트를 추가합니다.

❸ '빨간 자동차' 오브젝트의 [모양] 탭에서 '빨간 자동차_위'를 선택하고 위치와 크기를 변경합니다.

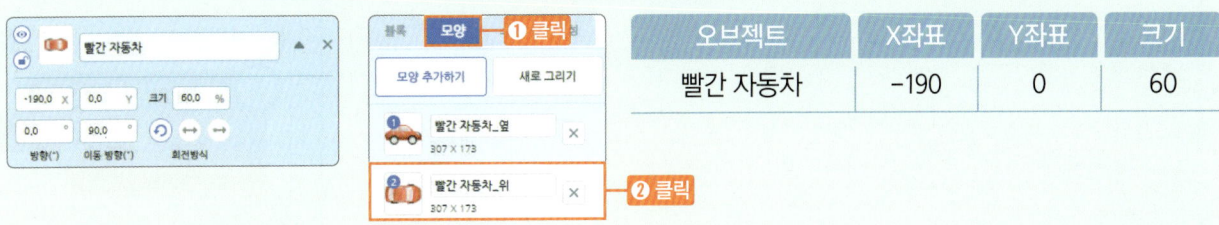

오브젝트	X좌표	Y좌표	크기
빨간 자동차	-190	0	60

02 신호와 변수 추가하기

❶ 점수 계산을 위해 변수를 추가한 다음 신호를 추가합니다.

　※ 변수 : '점수'
　　신호 : '미션1', '미션2', '미션3', '미션클리어'

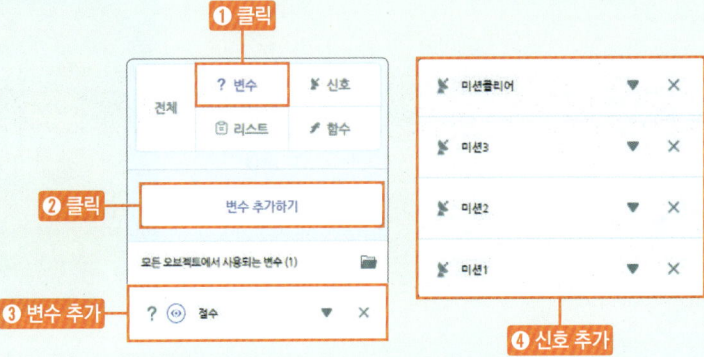

03 오브젝트에 블록 코딩하기

❶ '빨간 자동차' 오브젝트를 클릭합니다. 이어서, 오브젝트를 방향키로 움직이고 '미션1' 신호를 보내는 블록 코드를 만들어 봅니다.

❷ '빨간 자동차' 오브젝트에서 '미션1' 신호를 받았을 때 초시계가 시작하고 점수를 0에서부터 시작하도록 하는 블록 코드를 만들어 봅니다.

❸ 오브젝트가 직진 코스를 벗어나면 '점수' 변수에 10점이 감점되고 오른쪽 벽으로 통과할 때 '점수' 변수에 10점이 더해지면서 다음 코스로 이동할 수 있도록 블록 코드를 만들어 [초시계 시작하기] 블록 아래에 연결합니다.

❶ [T 코스] 장면에서 '판', '빨간 자동차', '자동문' 오브젝트를 추가합니다. 이어서, '빨간 자동차'와 '자동문' 오브젝트의 [모양] 탭에서 '빨간 자동차_위', '자동문_2'를 선택하고 오브젝트의 위치와 크기를 변경합니다.

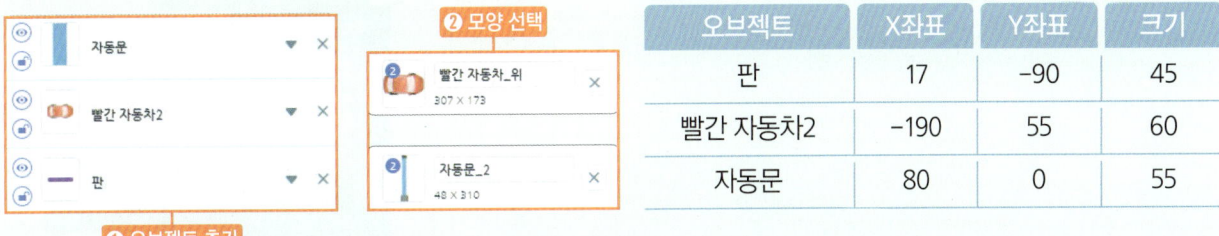

오브젝트	X좌표	Y좌표	크기
판	17	–90	45
빨간 자동차2	–190	55	60
자동문	80	0	55

❷ '빨간 자동차2' 오브젝트는 오브젝트를 방향키로 움직이고 '미션2' 신호를 보내는 블록 코드를 만들어 봅니다.

T I P
빨간 자동차 오브젝트의 방향키 동작 블록 코드는 모두 동일합니다.

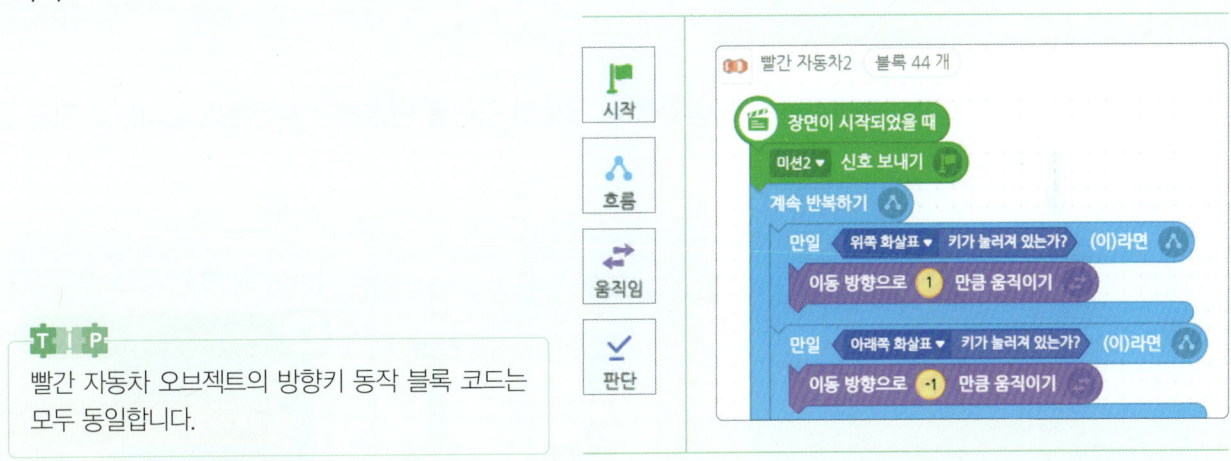

❸ '미션2' 신호를 받았을 때 블록 코드를 만들어 봅니다.

※ 모든 코스 장면은 동일한 방식으로 점수를 계산합니다.

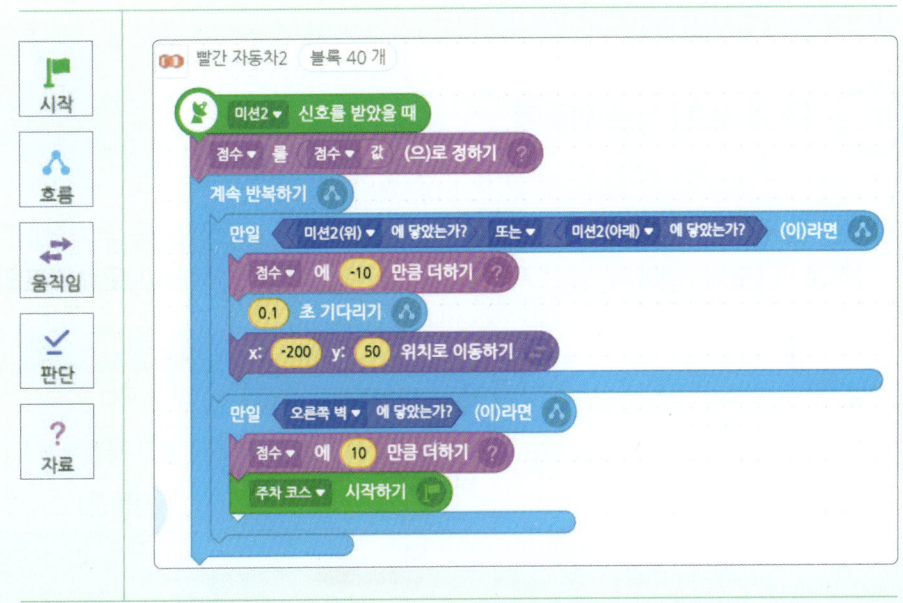

❹ '빨간 자동차2' 오브젝트가 '판'에 닿으면 성공 메시지와 점수를 획득할 수 있고 '미션클리어' 신호를 보내는 블록 코드를 만들어 봅니다.

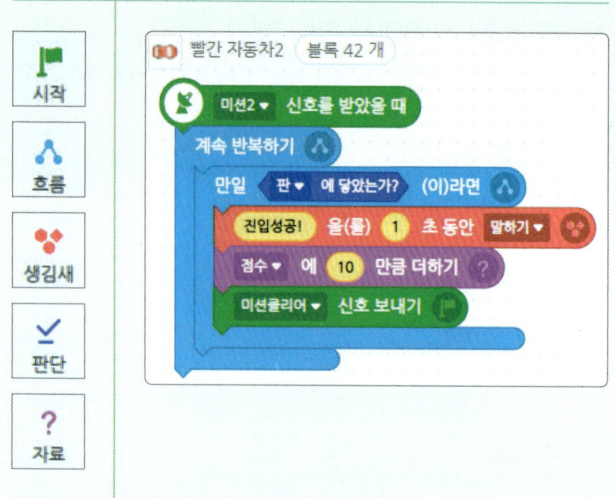

❺ '자동문' 오브젝트는 '미션클리어' 신호를 받았을 때 세로의 길이를 변경하여 자동문이 열리는 모양을 만들 수 있도록 블록 코드를 만들어 봅니다.

※ 자동문 오브젝트의 중심점은 아래쪽 끝으로 위치 시켜야 크기를 한쪽 방향으로 변경할 수 있습니다.

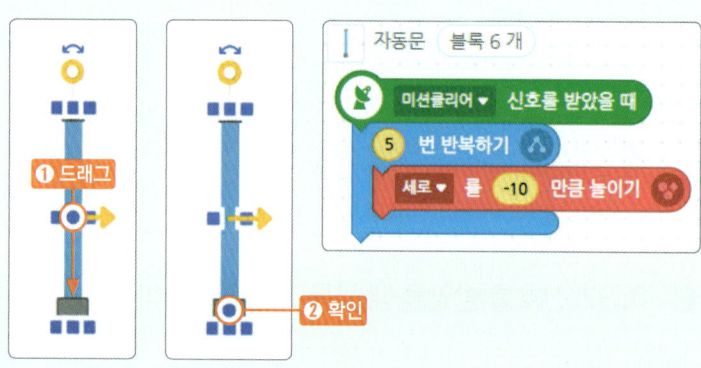

05 ▶ [주차 코스] 장면 만들기

❶ [주차 코스] 장면에서 '판', '빨간 자동차', '자동문' 오브젝트를 추가합니다. '빨간 자동차'와 자동문 오브 젝트의 [모양] 탭에서 '빨간 자동차_위', '자동문_2'를 선택하고 오브젝트의 위치와 크기를 변경합니다.

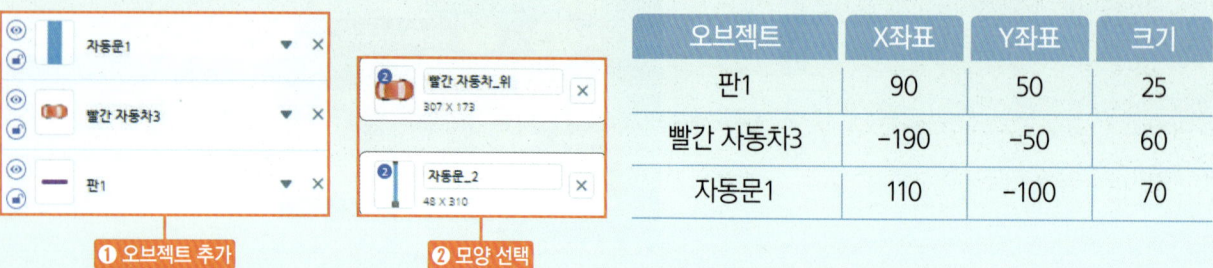

오브젝트	X좌표	Y좌표	크기
판1	90	50	25
빨간 자동차3	-190	-50	60
자동문1	110	-100	70

❷ '빨간 자동차3' 오브젝트는 오브젝트를 방향키로 움직이고 '미션3' 신호를 보내는 블록 코드를 만들어 봅니다.

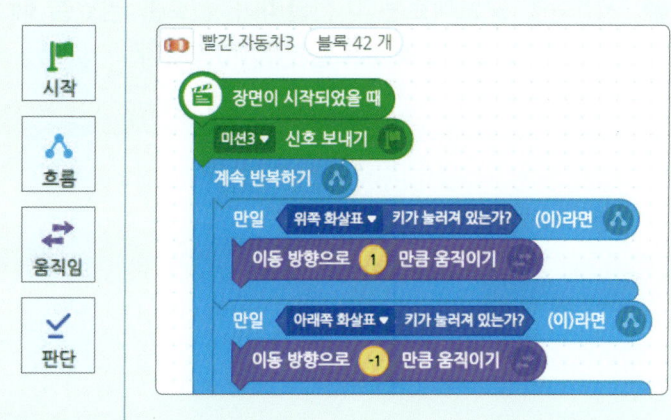

❸ '미션3' 신호를 받았을 때 블록 코드를 만들어 봅니다.

※ 모든 코스 장면은 동일한 방식으로 점수를 계산합니다.

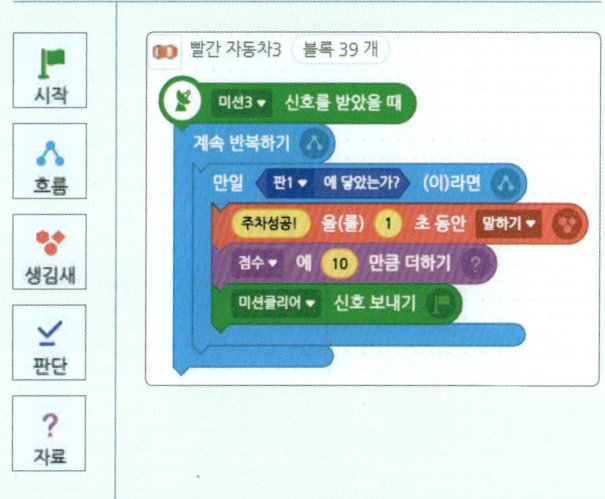

❹ '빨간 자동차3' 오브젝트가 '판1'에 닿으면 '주차성공!' 메시지와 점수를 획득하고 '미션클리어' 신호를 보내는 블록 코드를 만들어 봅니다.

❺ '자동문1' 오브젝트는 '미션클리어' 신호를 받았을 때 세로의 길이를 변경하여 자동문이 열리는 모양을 만들 수 있도록 블록 코드를 만들어 봅니다.

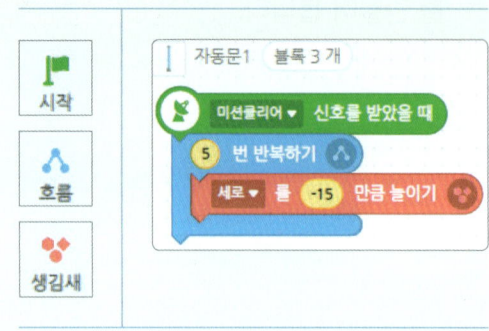

❻ ▶ 시작하기 단추를 클릭하여 동작이 되는지 확인합니다.

문 제 해 결 능 역 **미션 수행하기**

■ 불러올 파일 : 23장_미션 수행.ent ■ 완성된 파일 : 23장_미션 수행(완성).ent

01 디버그

■ '판'에 여러 번 닿으면 점수가 10점씩 계속 얻게 되는 오류가 발생했어요. 한 번만 점수를 얻을 수 있도록 적절한 블록 코드를 찾아 해결해 주세요.

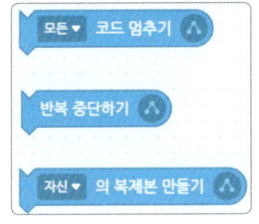

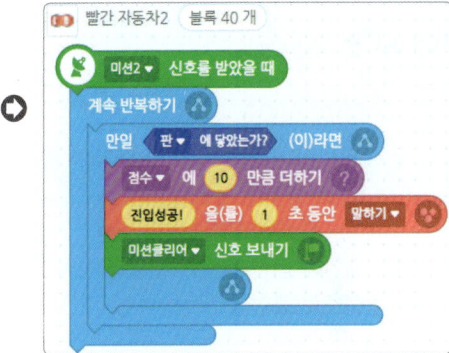

02 업그레이드

■ 인공지능의 읽어주기 블록을 사용하여 코스별로 미션클리어 했을 때 "00 코스 통과!" 라고 음성으로 나타날 수 있도록 블록 코드를 추가해 보세요.

인공지능 블록 불러오기

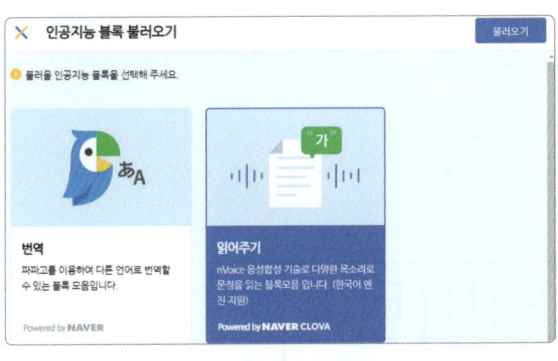

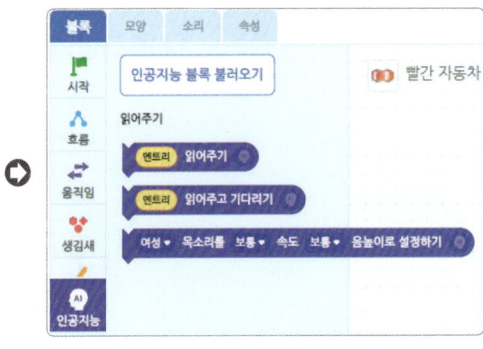

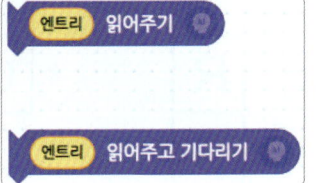

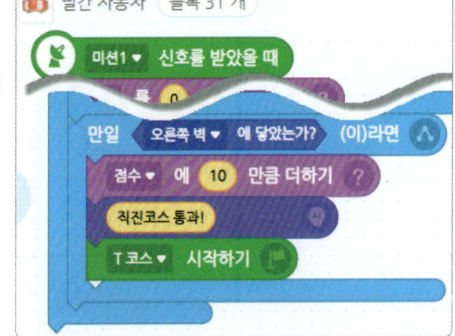

24

자동차 운전면허 기능시험 - 2

■ 불러올 파일 : 자동차 운전면허 기능시험-2.ent   ■ 완성된 파일 : 자동차 운전면허 기능시험-2(완성).ent

이런걸 배워요!

- 어떤 게임인지 한눈에 알아볼 수 있도록 인공지능(AI) 블록에서 읽어주기 기능을 사용하는 방법을 알아봅니다.
- 게임 결과(시간, 점수)에 따라 오브젝트의 모양을 다르게 나타낼 수 있는 방법을 알아봅니다.

이번 시간 등장요소

게임 첫 화면

남성이 게임에 대한 간단한 설명과 시작을 알리는 메시지를 음성으로 표현함.

게임 종료 화면

직진 코스, T코스, 주차 코스를 모두 통과하여 합격하면 웃는 얼굴의 자동차 운전 면허증이 발급되고 불합격하면 우는 얼굴의 불합격증이 발급됨.

게임 시간 및 종료

모든 코스 점수 50점 이상 정해진 시간 60초 내에 통과하면 게임이 종료됨.

문제 해결마법사   다음 그림을 보고 빈칸에 공통으로 들어갈 알파벳을 써봅니다.

01 ▶ [첫 화면] 장면 만들기

❶ 엔트리에서 [불러오기(📋▾)]–[오프라인 작품 불러오기]를 클릭합니다. 이어서, [불러올 파일]–[CHAPTER 24]에서 '자동차 운전면허 기능시험–2.ent' 파일을 불러옵니다.

❷ [첫 화면] 장면에서 '배경' 오브젝트를 추가합니다.

※ **파일 경로** : [불러올 파일]–[CHAPTER 24]

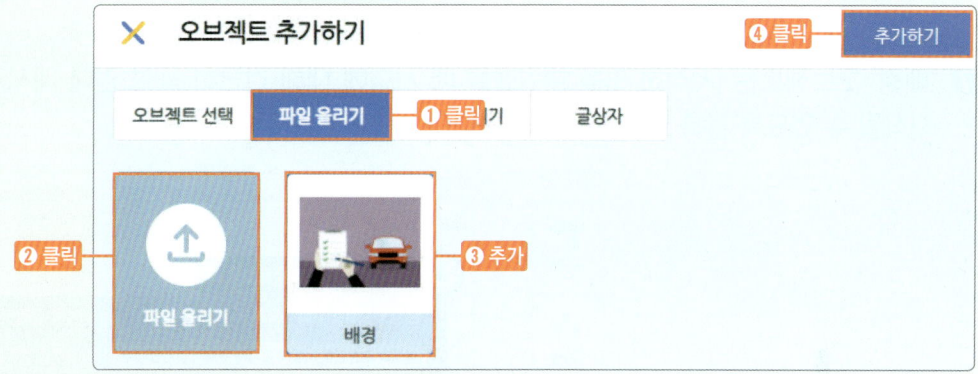

❸ [첫 화면] 장면에서 <오브젝트 추가하기> 단추를 클릭한 다음 [오브젝트 추가하기] 대화상자에서 [글상자]를 선택합니다. 이어서, '자동차운전면허 따기!'를 입력한 다음 추가합니다.

※ **글상자 서식** : 글꼴(나눔스퀘어라운드), 진하게, 글꼴 색상(검정), 채우기 색상(없음)

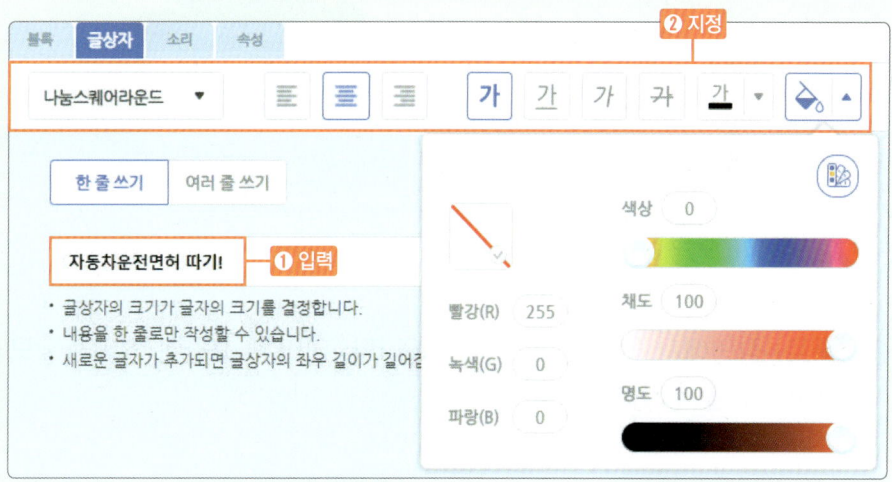

❹ 추가된 오브젝트의 위치와 크기를 다음과 같이 변경합니다.

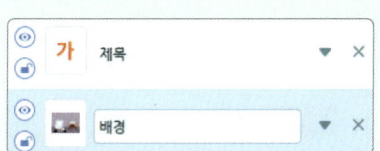

오브젝트	X좌표	Y좌표	크기
제목	0	70	200
배경	0	−10	400

02 오브젝트에 블록 코딩하기

❶ [첫 화면] 장면 탭을 [직진 코스] 장면 탭 앞으로 이동합니다. 직진 코스 장면의 '빨간 자동차' 오브젝트를 클릭하고 아래와 같이 시작하기 버튼을 클릭했을 때 블록을 장면이 시작되었을 때 블록으로 수정합니다.

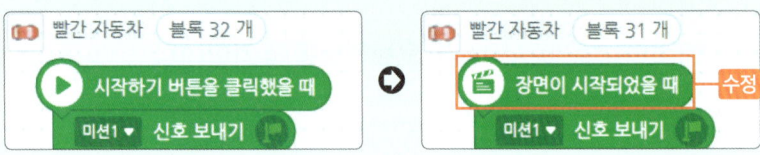

❷ '배경' 오브젝트는 [시작하기]를 클릭했을 때 시험에 대해 간단히 음성 안내 메시지가 나오고 다음 장면이 시작될 수 있도록 블록 코드를 만들어 봅니다.

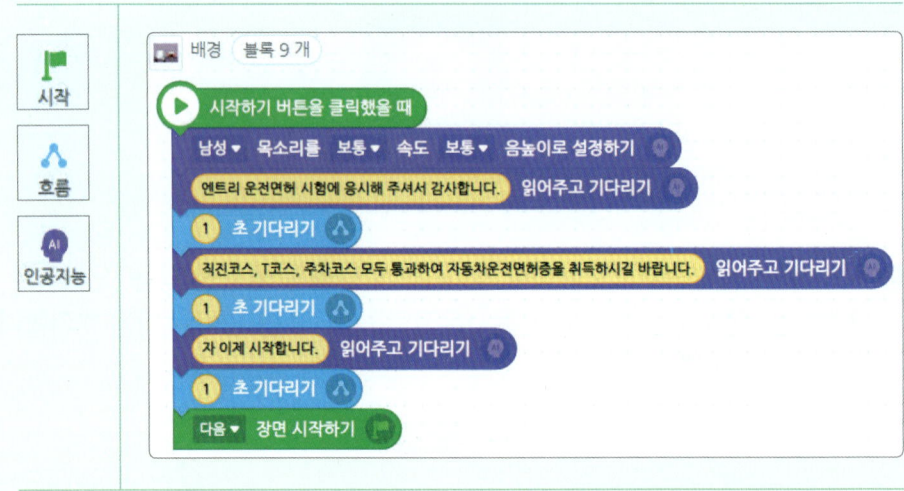

03 [종료] 장면 만들기

❶ [종료] 장면에서 '면허증_1'을 추가합니다. 이어서, [모양] 탭에서 <모양 추가하기> 단추를 클릭하고 '면허증_2'를 추가합니다.

※ 파일 경로 : [불러올 파일]-[CHAPTER 24]

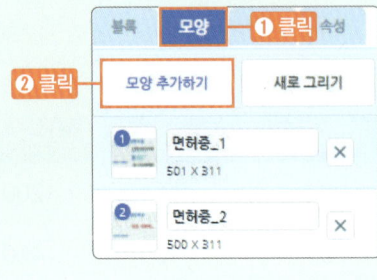
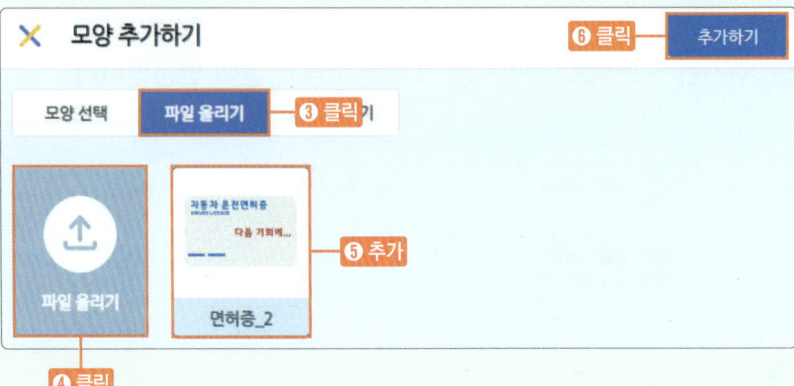

❷ 오브젝트 추가하기로 '엔트리봇 표정'을 추가합니다. 이어서, 오브젝트의 위치와 크기를 다음과 같이 변경합니다.

오브젝트	X좌표	Y좌표	크기
엔트리봇 표정	–110	–10	100
면허증_1	0	0	300

TIP
'면허증_1', '면허증_2' 모양과 '엔트리봇 표정_웃는', '엔트리봇 표정_슬픈' 모양을 사용하기 때문에 필요 없는 모양을 삭제하면 좋습니다.

04 ▶ [종료] 장면 오브젝트에 블록 코딩하기

❶ '면허증_1' 오브젝트는 제한 시간 60초 내에 50점을 얻어서 합격했을 때의 모양과 불합격했을 때의 모양이 바뀌도록 블록 코드를 만들어 봅니다.

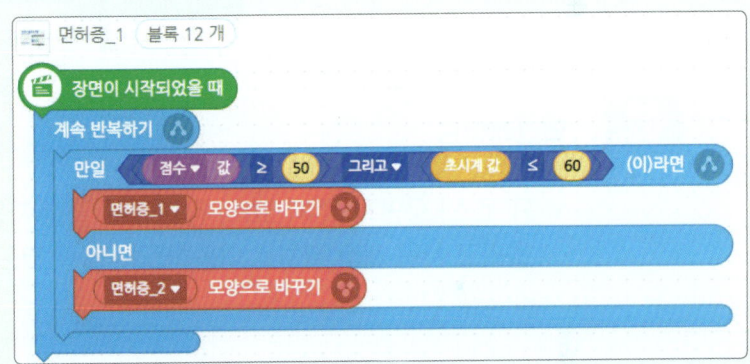

❷ '엔트리봇' 오브젝트의 블록 코드를 만들어 봅니다.

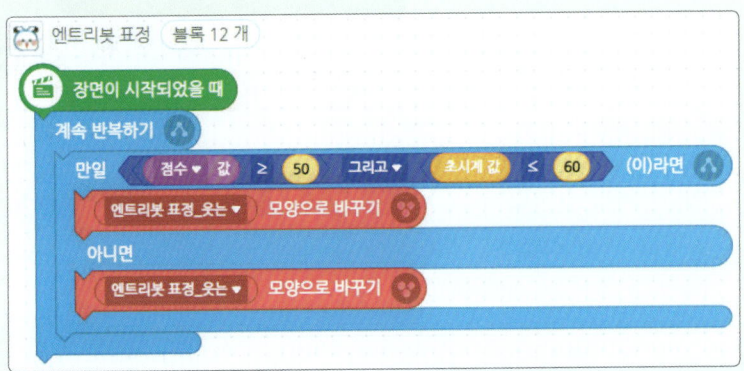

❸ ▶ 시작하기 단추를 클릭하여 장면 전환과 동작이 되는지 확인합니다.

CHAPTER
24

문제해결능력 **미션 수행하기**

■ 불러올 파일 : 24장_미션 수행.ent ■ 완성된 파일 : 24장_미션 수행(완성).ent

01 디버그

■ 모든 코스를 통과했지만 합격 점수를 얻지 못해서 불합격했어요. 불합격 면허증에 슬픈 표정으로 바꿔 줄 수 있도록 블록 코드를 수정해 봅니다.

엔트리봇 표정   블록 12 개

장면이 시작되었을 때
계속 반복하기
만일 점수▼ 값 ≥ 50 그리고▼ 초시계 값 ≤ 60 (이)라면
     ▼ 모양으로 바꾸기
아니면
     ▼ 모양으로 바꾸기

02 업그레이드

■ [T 코스] 장면과 [주차 코스] 장면에서 빨간 자동차가 자동문에 닿았을 때 위험 경고음이 울리고 처음 시작 위치로 이동하도록 블록 코드를 추가해 봅니다.

※ '위험 경고' 소리를 추가해야 사용할 수 있습니다.

마우스포인터▼ 에 닿았는가?

소리 위험 경고▼ 재생하고 기다리기
안녕! 을(를) 4 초 동안 말하기▼
x: 0 y: 0 위치로 이동하기

빨간 자동차2   블록 49 개

미션2▼ 신호를 받았을 때
계속 반복하기
만일 핀▼ 에 닿았는가? (이)라면
     점수▼ 에 10 만큼 더하기
     진입성공! 을(를) 1 초 동안 말하기▼
     미션클리어▼ 신호 보내기
     반복 중단하기

만일   ▼   (이)라면
           ▼
     다시! 을(를)   초 동안 ▼
     0.1 초 기다리기
     x: y:

아카데미소프트와 코딩아지트의 컴교실 타자 프로그램

[K마블이란?]

[K마블인트로]

서마블 V2.0 업그레이드

업그레이 된 K마블 V2.0을 만나보세요!

▶ 키우스봇과 함께하는 **무료 타자프로그램!**

▶ **영문 버전** 오픈-**영어 키보드** 자리연습, **원어민 음성**을 들으며 타자 연습을 하는 **영어 단어연습**

▶ 온라인 대전 **2 VS 2** 모드 출시

▶ 나만의 **커스텀 캐릭터** 기능 오픈

100% 무료 타자프로그램

K마블 V 2.0으로 한글·영문 타자연습 모두 가능해요!!

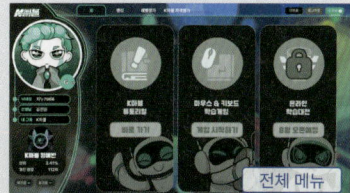

전체 메뉴

K마블 튜토리얼

커스텀 프로필

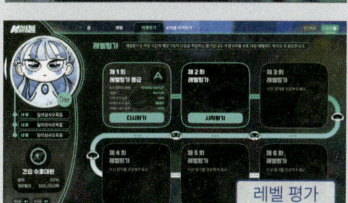

레벨 평가

영어 단어연습

온라인 대전

▶ 커스텀 프로필

자신의 케릭터를 꾸밀 수 있는 기능이 추가되었습니다. 케릭터의 머리, 얼굴, 옷, 장신구를 변경하여 자신만의 개성있는 케릭터를 만들어 봅니다.

▶ 영어 단어연습

영어 동사 단어연습은 원어민의 영어 발음을 들으며 영어동사 단어연습을 할 수 있는 타자입니다.

▶ 레벨평가 시안성

레벨평가 화면이 이전 화면 보다 보기 좋게 변경되었습니다. 배운 내용을 복습하여 높은 점수에 도전해 봅니다.

▶ 온라인 대전 게임 - 영토 사수 작전

친구들과 1 VS 1 또는 2 VS 2 온라인 대전 게임으로 오타 없이 빨리 타자를 입력하여 영토를 지배하는 게임입니다. 비슷한 타수의 친구와 대결하면 재미있는 승부를 볼 수 있습니다.

컴퓨터 자격증의 시작!

컴퓨터 타자 활용 능력

| 시행처 : 국제자격진흥원

[민간자격등록]
K마블 한글타자(2024-001827)
K마블 영문타자(2024-002318)

▶ 자격증 개요

'컴퓨터 타자 활용 능력' 자격 평가 시험은 컴퓨터 입문자를 위한 기초 자격시험으로 ITQ 및 DIAT 등 컴퓨터 자격시험 이전에 간단한 타자 능력을 평가하는 기초 자격 평가 시험입니다.

▶ 시험 과목 및 출제 기준

컴퓨터 기초 상식 + 마우스 + 키보드(타자)로 구성

시험과목	시간	문항수	배점	등급
컴퓨터 기초 상식	5	10	100	A등급 → 900점 이상
마우스 사용 능력	10	4	100	B등급 → 800점 이상
키보드(타자) 사용 능력	15	4	800	C등급 → 700점 이상
합계	30	18	1,000	D등급 → 600점 이상
				비기너 → 599점 이하

▶ 자격증 특징

✓ 누구나 쉽게 온라인으로 진행
- 교육기관에서는 단체 시험을 누구나 쉽게 온라인으로 원서접수 및 자격시험을 볼 수 있습니다.
- 교육기관은 교육 현장에서 교육 후 바로 시험을 볼 수 있습니다.
- 개인 응시자도 방문 접수 및 집체 시험 없이 온라인으로 원서접수 및 자격시험을 볼 수 있습니다.

✓ 타자 능력을 평가하는 컴퓨터 기초 시험입니다.
- OA 과정 또는 ITQ 및 DIAT 등 컴퓨터 전문 자격증을 취득하기 이전에 필요한 기초 타자 자격 시험입니다.
- 컴퓨터를 처음 접하는 입문자들에게 컴퓨터 기초 지식과 타자 및 마우스 사용 능력을 평가하는 시험입니다.

✓ 학습과 시험이 간단 명료합니다.
- K마블과 교재로 학습하고 해당 내용에서 출제하는 간단한 시험입니다.

✓ 모든 시험이 CBT 방식으로 컴퓨터에서 모두 시행됩니다.
- 시험의 모든 과목이 컴퓨터에서 진행됩니다.

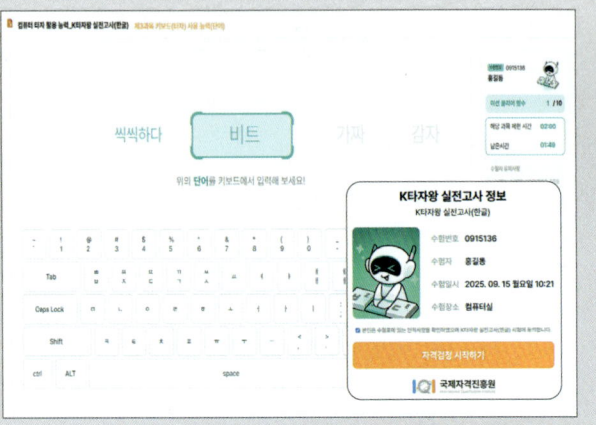

자격증 채점프로그램의 새로운 변화!!

MAG 채점 프로그램

① 개인용 채점프로그램_MAG PER 2.0

▶ 개인을 위한 **채점프로그램**으로 각 자격증별 **시험 결과** 즉시 확인

▶ **빠른 채점과 보기 편한 디자인!**

▶ **인공지능**으로 채점으로 **오류 최소화!**

▲ 과목 선택

▲ 채점 결과

② 교육기관용 채점프로그램_MAG NET

▶ 선생님을 위한 또 다른 서비스를 제공합니다.

▶ 선생님을 위한 **온라인 채점프로그램**으로 접속한 수검자의 **시험 결과**를 실시간 확인

▶ 시험종료 후 **성적통계**로 문제별 부족한 부분과 단점을 완벽히 보완

▶ **인공지능**으로 채점율 UP

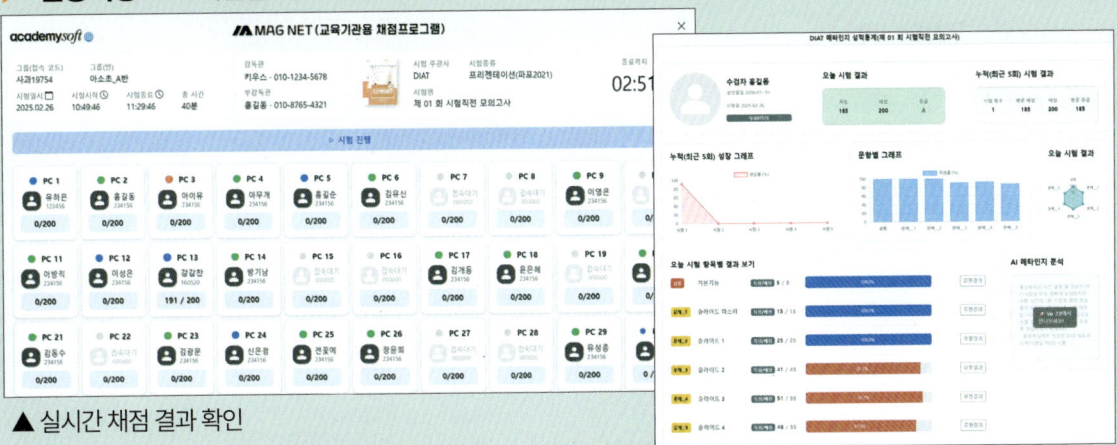

▲ 실시간 채점 결과 확인

▲ 개인별 메타인지 성적 통계

 2026년 신간 교재부터는 웹(온라인) 버전으로 오픈됩니다.

2025년 아카데미소프트의 새로운 답안 전송 프로그램

NEW 답안 전송 프로그램

▶ ITQ, DIAT 시험에 최적화된 **답안 전송 프로그램**

▶ 남은 작업 시간을 확인할 수 있는 **타이머** 기능 추가!

▶ 답안 전송 프로그램을 실행하면 시험 환경에 맞는 **자동 폴더 생성**

▶ **실제 시험장**과 유사한 작업 환경!

▶ 지속적인 **업데이트**로 프로그램 오류 최소화!

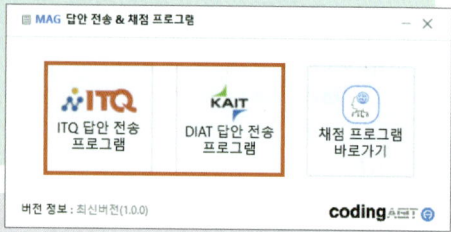

답안 전송 프로그램! UI 확인하기

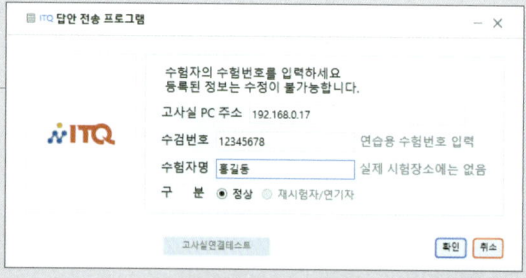

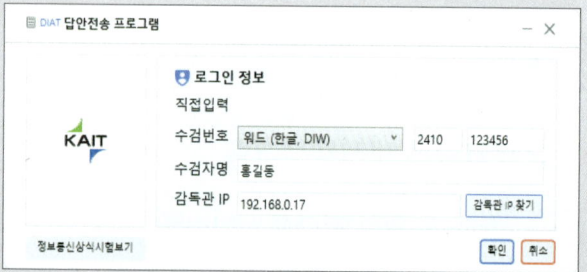

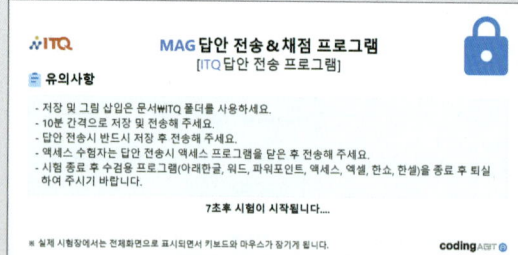

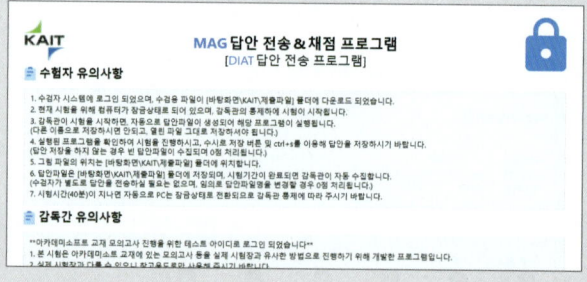

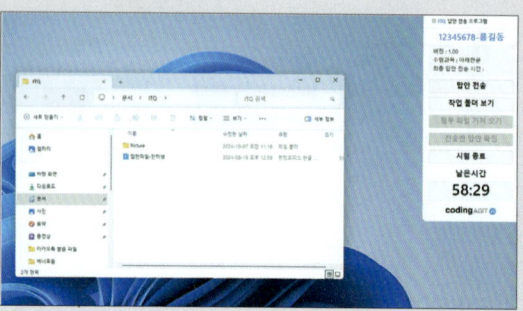

▲ ITQ 답안 전송 프로그램

▲ DIAT 답안 전송 프로그램